PAPA FRANCISCO

CARTA ENCÍCLICA

LAUDATO SI'

SOBRE O CUIDADO DA CASA COMUM

Direção-geral: *Bernadete Boff*
Editora responsável: *Maria Goretti de Oliveira*

1ª edição – 2015
6ª reimpressão – 2022

Nenhuma parte desta obra poderá ser reproduzida ou transmitida por qualquer forma e/ou quaisquer meios (eletrônico ou mecânico, incluindo fotocópia e gravação) ou arquivada em qualquer sistema ou banco de dados sem permissão escrita da Editora. Direitos reservados.

© 2015 – Libreria Editrice Vaticana

Paulinas

Rua Dona Inácia Uchoa, 62
04110-020 – São Paulo – SP (Brasil)
Tel.: (11) 2125-3500
http://www.paulinas.com.br
editora@paulinas.com.br
Telemarketing e SAC: 0800-7010081

© Pia Sociedade Filhas de São Paulo – São Paulo, 2015

1. "Laudato si', mi' Signore – Louvado sejas, meu Senhor", cantava São Francisco de Assis. Neste gracioso cântico, recordava-nos que a nossa casa comum se pode comparar ora a uma irmã, com quem partilhamos a existência, ora a uma boa mãe, que nos acolhe nos seus braços: "Louvado sejas, meu Senhor, pela nossa irmã, a mãe terra, que nos sustenta e governa e produz variados frutos com flores coloridas e verduras".[1]

2. Esta irmã clama contra o mal que lhe provocamos por causa do uso irresponsável e do abuso dos bens que Deus nela colocou. Crescemos pensando que éramos seus proprietários e dominadores, autorizados a saqueá-la. A violência, que está no coração humano ferido pelo pecado, vislumbra-se nos sintomas de doença que notamos no solo, na água, no ar e nos seres vivos. Por isso, entre os pobres mais abandonados e maltratados, conta-se a nossa terra oprimida e devastada, que está "gemendo como que em dores de parto" (Rm 8,22). Esquecemo-nos de que nós mesmos somos terra (cf. Gn 2,7). O nosso corpo é constituído pelos elementos do planeta; o seu ar permite-nos respirar, e a sua água vivifica-nos e restaura-nos.

---

[1] *Cantico delle creature*: *Fonti Francescane*, 263.

Nada deste mundo nos é indiferente

3. Mais de cinquenta anos atrás, quando o mundo estava oscilando sobre o fio de uma crise nuclear, o Santo Papa João XXIII escreveu uma encíclica na qual não se limitava a rejeitar a guerra, mas quis transmitir uma proposta de paz. Dirigiu a sua mensagem *Pacem in Terris* a todo o mundo católico, mas acrescentava: e a todas as pessoas de boa vontade. Agora, à vista da deterioração global do ambiente, quero dirigir-me a cada pessoa que habita neste planeta. Na minha exortação *Evangelii Gaudium*, escrevi aos membros da Igreja, a fim de mobilizá-los para um processo de reforma missionária ainda pendente. Nesta encíclica, pretendo especialmente entrar em diálogo com todos acerca da nossa casa comum.

4. Oito anos depois da *Pacem in Terris*, em 1971, o Beato Papa Paulo VI referiu-se à problemática ecológica, apresentando-a como uma crise que é "consequência dramática" da atividade descontrolada do ser humano: "Por motivo de uma exploração inconsiderada da natureza, [o ser humano] começa a correr o risco de destruí-la e de vir a ser, também ele, vítima dessa degradação".[2] E, dirigindo-se à FAO, falou da possibilidade de uma "catástrofe ecológica sob o efeito

---

[2] Carta ap. *Octogesima Adveniens* (14 de maio de 1971), 21: AAS 63 (1971), 416-417.

da explosão da civilização industrial", sublinhando a "necessidade urgente de uma mudança radical no comportamento da humanidade", porque "os progressos científicos mais extraordinários, as invenções técnicas mais assombrosas, o desenvolvimento econômico mais prodigioso, se não estiverem unidos a um progresso social e moral, voltam-se necessariamente contra o homem".[3]

5. São João Paulo II debruçou-se, com interesse sempre maior, sobre este tema. Na sua primeira encíclica, advertiu que o ser humano parece "não se dar conta de outros significados do seu ambiente natural, para além daqueles que servem somente para os fins de um uso ou consumo imediatos".[4] Mais tarde, convidou a uma conversão ecológica global.[5] Entretanto fazia notar o pouco empenho que se põe em "salvaguardar as condições morais de uma autêntica ecologia humana".[6] A destruição do ambiente humano é um fato muito grave, porque, por um lado, Deus confiou o mundo ao ser humano e, por outro, a própria vida humana é um dom que deve ser protegido das várias formas de

---

[3] Discurso à FAO, no seu XXV aniversário (16 de novembro de 1970), 4: AAS 62 (1970), 833; *L'Osservatore Romano* (ed. portuguesa de 22/11/1970), 6.

[4] Carta enc. *Redemptor Hominis* (4 de março de 1979), 15: AAS 71 (1979), 287.

[5] Cf. *Catequese* (17 de janeiro de 2001), 4: *Insegnamenti* 24/1 (2001), 179; *L'Osservatore Romano* (ed. portuguesa de 20/1/2001), 8.

[6] Carta enc. *Centesimus Annus* (1 de maio de 1991), 38: *AAS* 83 (1991), 841.

degradação. Toda a pretensão de cuidar e melhorar o mundo requer mudanças profundas "nos estilos de vida, nos modelos de produção e de consumo, nas estruturas consolidadas de poder, que hoje regem as sociedades".[7] O progresso humano autêntico possui um caráter moral e pressupõe o pleno respeito pela pessoa humana, mas deve prestar atenção também ao mundo natural e " ter em conta a natureza de cada ser e as ligações mútuas entre todos, em um sistema ordenado".[8] Assim, a capacidade do ser humano de transformar a realidade deve desenvolver-se com base na doação originária das coisas por parte de Deus.[9]

6. O meu predecessor, Bento XVI, renovou o convite a "eliminar as causas estruturais das disfunções da economia mundial e corrigir os modelos de crescimento que parecem incapazes de garantir o respeito do meio ambiente".[10] Lembrou que o mundo não pode ser analisado concentrando-se apenas sobre um dos seus aspectos, porque "o livro da natureza é uno e indivisível", incluindo, entre outras coisas, o ambiente, a vida, a sexualidade, a família, as relações sociais. É que "a

---

[7] Ibid., 58: o.c., 863.

[8] João Paulo II, Carta enc. *Sollicitudo rei Socialis* (30 de dezembro de 1987), 34: AAS 80 (1988), 559.

[9] Cf. Id. Carta enc. *Centesimus Annus* (1 de maio de 1991), 37: AAS 83 (1991), 840.

[10] *Discurso ao Corpo Diplomático acreditado junto da Santa Sé* (8 de janeiro de 2007): AAS 99 (2007), 73.

degradação da natureza está estreitamente ligada à cultura que molda a convivência humana".[11] O Papa Bento XVI propôs-nos reconhecer que o ambiente natural está cheio de chagas causadas pelo nosso comportamento irresponsável; o próprio ambiente social tem as suas chagas. Mas, fundamentalmente, todas elas ficam a dever ao mesmo mal, isto é, à ideia de que não existem verdades indiscutíveis a guiar a nossa vida, pelo que a liberdade humana não tem limites. Esquece-se de que "o homem não é apenas uma liberdade que se cria por si própria. O homem não se cria a si mesmo. Ele é espírito e vontade, mas é também natureza".[12] Com paterna solicitude, convidou-nos a reconhecer que a criação resulta comprometida "onde nós mesmos somos a última instância, onde o conjunto é simplesmente nossa propriedade e onde o consumimos somente para nós mesmos. E o desperdício da criação começa onde já não reconhecemos qualquer instância acima de nós, mas vemo-nos unicamente a nós mesmos".[13]

---

[11] Carta enc. *Caritas in Veritate* (29 de junho de 2009), 51: *AAS* 101 (2009), 687.

[12] *Discurso ao Bundestag*, Berlim (22 de setembro de 2011): *AAS* 103 (2011), 664; *L'Osservatore Romano* (ed. portuguesa de 24/9/2011), 5.

[13] Bento XVI, *Discurso ao clero da diocese de Bolzano-Bressa-none* (6 de agosto de 2008): *AAS* 100 (2008), 634; *L'Osservatore Romano* (ed. portuguesa de 16/8/2008), 5.

Unidos por uma preocupação comum

7. Estas contribuições dos Papas recolhem a reflexão de inúmeros cientistas, filósofos, teólogos e organizações sociais que enriqueceram o pensamento da Igreja sobre estas questões. Mas não podemos ignorar que, também fora da Igreja Católica, noutras Igrejas e Comunidades Cristãs – bem como noutras religiões – se tem desenvolvido uma profunda preocupação e uma reflexão valiosa sobre estes temas que a todos nos são muito caros. Apenas para dar um exemplo particularmente significativo, quero retomar brevemente parte da contribuição do amado Patriarca Ecumênico Bartolomeu, com quem partilhamos a esperança da plena comunhão eclesial.

8. O Patriarca Bartolomeu tem-se referido particularmente à necessidade de cada um se arrepender do próprio modo de maltratar o planeta, porque "todos, na medida em que causamos pequenos danos ecológicos", somos chamados a reconhecer "a nossa contribuição – pequena ou grande – para a desfiguração e destruição do ambiente".[14] Sobre este ponto, ele pronunciou-se repetidamente, de maneira firme e encorajadora, convidando-nos a reconhecer os pecados contra a criação: "Quando os seres humanos

---

[14] *Mensagem para o Dia de Oração pela salvaguarda da criação* (1 de setembro de 2012).

destroem a biodiversidade na criação de Deus; quando os seres humanos comprometem a integridade da terra e contribuem para a mudança climática, desnudando a terra das suas florestas naturais ou destruindo as suas zonas úmidas; quando os seres humanos contaminam as águas, o solo, o ar... tudo isso é pecado".[15] Porque "um crime contra a natureza é um crime contra nós mesmos e um pecado contra Deus".[16]

9. Ao mesmo tempo, Bartolomeu chamou a atenção para as raízes éticas e espirituais dos problemas ambientais, que nos convidam a encontrar soluções não só na técnica, mas também em uma mudança do ser humano; caso contrário, estaríamos enfrentando apenas os sintomas. Propôs-nos passar do consumo ao sacrifício, da avidez à generosidade, do desperdício à capacidade de partilha, em uma ascese que "significa aprender a dar, e não simplesmente renunciar. É um modo de amar, de passar pouco a pouco do que eu quero àquilo de que o mundo de Deus precisa. É libertação do medo, da avidez, da dependência".[17] Além disso, nós, cristãos, somos chamados a "aceitar o mundo como sacramento de comunhão, como forma de partilhar com Deus e

---

[15] *Discurso em Santa Bárbara*, Califórnia (8 de novembro de 1997); cf. John Chryssavgis, *On Earth as in Heaven: Ecological Vision and Initiatives of Ecumenical Patriarch Bartholomew* (Bronx/Nova York, 2012).

[16] Ibid.

[17] *Conferência no Mosteiro de Utstein*, Noruega (23 de junho de 2003).

com o próximo em uma escala global. É nossa humilde convicção que o divino e o humano se encontram no menor detalhe de túnica inconsútil da criação de Deus, mesmo no último grão de poeira do nosso planeta".[18]

São Francisco de Assis

10. Não quero prosseguir esta encíclica sem invocar um modelo belo e motivador. Tomei o seu nome por guia e inspiração, no momento da minha eleição para Bispo de Roma. Acho que Francisco é o exemplo por excelência do cuidado pelo que é frágil e por uma ecologia integral, vivida com alegria e autenticidade. É o santo padroeiro de todos os que estudam e trabalham no campo da ecologia, amado também por muitos que não são cristãos. Manifestou uma atenção particular pela criação de Deus e pelos mais pobres e abandonados. Amava e era amado pela sua alegria, a sua dedicação generosa, o seu coração universal. Era um místico e um peregrino que vivia com simplicidade e em uma maravilhosa harmonia com Deus, com os outros, com a natureza e consigo mesmo. Nele se nota até que ponto são inseparáveis a preocupação pela natureza, a justiça para com os pobres, o empenhamento na sociedade e a paz interior.

---

[18] Bartolomeu, *Discurso Global Responsibility and Ecological Sustainability: Closing Remarks*, I Cimeira de Halki, Istambul (20 de junho de 2012).

11. O seu testemunho mostra-nos também que uma ecologia integral requer abertura para categorias que transcendem a linguagem das ciências exatas ou da biologia e nos põem em contato com a essência do ser humano. Tal como acontece a uma pessoa quando se enamora por outra, a reação de Francisco, sempre que olhava o sol, a lua ou os minúsculos animais, era cantar, envolvendo no seu louvor todas as outras criaturas. Entrava em comunicação com toda a criação, chegando mesmo a pregar às flores "convidando-as a louvar o Senhor, como se gozassem do dom da razão".[19] A sua reação ultrapassava de longe uma mera avaliação intelectual ou um cálculo econômico, porque, para ele, qualquer criatura era uma irmã, unida a ele por laços de carinho. Por isso, sentia-se chamado a cuidar de tudo o que existe. São Boaventura, seu discípulo, contava que ele, "enchendo-se da maior ternura ao considerar a origem comum de todas as coisas, dava a todas as criaturas – por mais desprezíveis que parecessem – o doce nome de irmãos e irmãs".[20] Esta convicção não pode ser desvalorizada como romantismo irracional, pois influi nas opções que determinam o nosso comportamento. Se nos aproximarmos da natureza e do meio ambiente sem esta abertura para a admiração e o encanto, se

---

[19] Tomás de Celano, *Vita prima di San Francesco*, XXIX, 81: *Fonti Francescane*, 460.

[20] *Legenda Maior*, VIII, 6: *Fonti Francescane*, 1145.

deixarmos de falar a língua da fraternidade e da beleza na nossa relação com o mundo, então as nossas atitudes serão as do dominador, do consumidor ou de um mero explorador dos recursos naturais, incapaz de pôr um limite aos seus interesses imediatos. Pelo contrário, se nos sentirmos intimamente unidos a tudo o que existe, então brotarão de modo espontâneo a sobriedade e a solicitude. A pobreza e a austeridade de São Francisco não eram simplesmente um ascetismo exterior, mas algo mais radical: uma renúncia a fazer da realidade um mero objeto de uso e domínio.

12. Por outro lado, São Francisco, fiel à Sagrada Escritura, propõe-nos reconhecer a natureza como um livro esplêndido onde Deus nos fala e transmite algo da sua beleza e bondade: "Partindo da grandeza e beleza das criaturas, pode-se chegar a ver, por analogia, o seu Criador" (Sb 13,5) e "as perfeições invisíveis de Deus – não somente seu poder eterno, mas também a sua eterna divindade – são percebidas pelo intelecto, através de suas obras, desde a criação do mundo" (Rm 1,20). Por isso, Francisco pedia que, no convento, se deixasse sempre uma parte do horto por cultivar para aí crescerem as ervas silvestres, a fim de que, quem as admirasse, pudesse elevar o seu pensamento a Deus, autor de tanta beleza.[21] O mundo é algo mais do que

---

[21] Cf. Tomás de Celano, *Vita seconda di San Francesco*, CXXIV, 165: *Fonti Francescane*, 750.

um problema a resolver; é um mistério gozoso que contemplamos na alegria e no louvor.

O meu apelo

13. O urgente desafio de proteger a nossa casa comum inclui a preocupação de unir toda a família humana na busca de um desenvolvimento sustentável e integral, pois sabemos que as coisas podem mudar. O Criador não nos abandona, nunca recua no seu projeto de amor, nem se arrepende de nos ter criado. A humanidade possui ainda a capacidade de colaborar na construção da nossa casa comum. Desejo agradecer, encorajar e manifestar apreço a quantos, nos mais variados setores da atividade humana, estão trabalhando para garantir a proteção da casa que partilhamos. Uma especial gratidão é devida àqueles que lutam, com vigor, por resolver as dramáticas consequências da degradação ambiental na vida dos mais pobres do mundo. Os jovens exigem de nós uma mudança; interrogam-se como se pode pretender construir um futuro melhor, sem pensar na crise do meio ambiente e nos sofrimentos dos excluídos.

14. Lanço um convite urgente a renovar o diálogo sobre a maneira como estamos construindo o futuro do planeta. Precisamos de um debate que nos una a todos, porque o desafio ambiental que vivemos e as suas raízes

humanas dizem respeito e têm impacto sobre todos nós. O movimento ecológico mundial já percorreu um longo e rico caminho, tendo gerado numerosas agregações de cidadãos que ajudaram na conscientização. Infelizmente, muitos esforços na busca de soluções concretas para a crise ambiental acabam, com frequência, frustrados não só pela recusa dos poderosos, mas também pelo desinteresse dos outros. As atitudes que dificultam os caminhos de solução, mesmo entre os crentes, vão da negação do problema à indiferença, à resignação acomodada ou à confiança cega nas soluções técnicas. Precisamos de nova solidariedade universal. Como disseram os bispos da África do Sul, "são necessários os talentos e o envolvimento de todos para reparar o dano causado pelos humanos sobre a criação de Deus".[22] Todos podemos colaborar, como instrumentos de Deus, no cuidado da criação, cada um a partir da sua cultura, experiência, iniciativas e capacidades.

15. Espero que esta carta encíclica, que se insere no magistério social da Igreja, nos ajude a reconhecer a grandeza, a urgência e a beleza do desafio que temos pela frente. Em primeiro lugar, farei uma breve resenha dos vários aspectos da atual crise ecológica, com o objetivo de assumir os melhores frutos da pesquisa científica atualmente disponível, deixar-se tocar por ela

---

[22] Conferência dos Bispos Católicos da África do Sul, *Pastoral Statement on the Environmental Crisis* (5 de setembro de 1999).

em profundidade e dar uma base concreta ao percurso ético e espiritual seguido. A partir desta panorâmica, retomarei algumas argumentações que derivam da tradição judaico-cristã, a fim de dar maior coerência ao nosso compromisso com o meio ambiente. Depois procurarei chegar às raízes da situação atual, de modo a individuar não apenas os seus sintomas, mas também as causas mais profundas. Poderemos assim propor uma ecologia que, nas suas várias dimensões, integre o lugar específico que o ser humano ocupa neste mundo e as suas relações com a realidade que o rodeia. À luz desta reflexão, quereria dar mais um passo, verificando algumas das grandes linhas de diálogo e de ação que envolvem, seja cada um de nós, seja a política internacional. Finalmente, convencido – como estou – de que toda a mudança tem necessidade de motivações e de um caminho educativo, proporei algumas linhas de maturação humana inspiradas no tesouro da experiência espiritual cristã.

16. Embora cada capítulo tenha a sua temática própria e uma metodologia específica, o seguinte retoma por sua vez, a partir de uma nova perspectiva, questões importantes abordadas nos capítulos anteriores. Isto diz respeito especialmente a alguns eixos que atravessam a encíclica inteira. Por exemplo: a relação íntima entre os pobres e a fragilidade do planeta, a convicção de que tudo está estreitamente interligado

no mundo, a crítica do novo paradigma e das formas de poder que derivam da tecnologia, o convite a procurar outras maneiras de entender a economia e o progresso, o valor próprio de cada criatura, o sentido humano da ecologia, a necessidade de debates sinceros e honestos, a grave responsabilidade da política internacional e local, a cultura do descarte e a proposta de um novo estilo de vida. Estes temas nunca se dão por encerrados nem se abandonam, mas são constantemente retomados e enriquecidos.

Capítulo I

O QUE ESTÁ ACONTECENDO
COM A NOSSA CASA

17. As reflexões teológicas ou filosóficas sobre a situação da humanidade e do mundo podem soar como uma mensagem repetida e vazia, se não forem apresentadas novamente a partir de um confronto com o contexto atual no que este tem de inédito para a história da humanidade. Por isso, antes de reconhecer como a fé traz novas motivações e exigências perante o mundo de que fazemos parte, proponho que nos detenhamos brevemente a considerar o que está acontecendo com nossa casa comum.

18. A contínua aceleração das mudanças na humanidade e no planeta junta-se, hoje, à intensificação dos ritmos de vida e trabalho, que alguns, em espanhol, designam "rapidación". Embora a mudança faça parte da dinâmica dos sistemas complexos, a velocidade que hoje lhe impõem as ações humanas contrasta com a lentidão natural da evolução biológica. A isto vem juntar-se o problema de que os objetivos desta mudança rápida e constante não estão necessariamente orientados para o bem comum e para um desenvolvimento humano

sustentável e integral. A mudança é algo desejável, mas torna-se preocupante quando se transforma em deterioração do mundo e da qualidade de vida de grande parte da humanidade.

19. Depois de um tempo de confiança irracional no progresso e nas capacidades humanas, uma parte da sociedade está entrando em uma etapa de maior conscientização. Nota-se uma crescente sensibilidade relativamente ao meio ambiente e ao cuidado da natureza, e cresce uma sincera e sentida preocupação pelo que está acontecendo com o nosso planeta. Façamos uma resenha, certamente incompleta, das questões que hoje nos causam inquietação e que já não se podem esconder debaixo do tapete. O objetivo não é recolher informações ou satisfazer a nossa curiosidade, mas tomar dolorosa consciência, ousar transformar em sofrimento pessoal aquilo que acontece com o mundo e, assim, reconhecer a contribuição que cada um lhe pode dar.

1. Poluição e mudanças climáticas

Poluição, resíduos e cultura do descarte

20. Existem formas de poluição que afetam diariamente as pessoas. A exposição aos poluentes atmosféricos produz uma vasta gama de efeitos sobre a saúde, particularmente dos mais pobres, e provocam milhões de mortes prematuras. Adoecem, por exemplo,

por causa da inalação de elevadas quantidades de fumaça produzida pelos combustíveis utilizados para cozinhar ou aquecer-se. A isto vem juntar-se a poluição que afeta a todos, causada pelo transporte, pela fumaça da indústria, pelas descargas de substâncias que contribuem para a acidificação do solo e da água, pelos fertilizantes, inseticidas, fungicidas, pesticidas e agrotóxicos em geral. Na realidade, a tecnologia, que, ligada à finança, pretende ser a única solução dos problemas, é incapaz de ver o mistério das múltiplas relações que existem entre as coisas e, por isso, às vezes resolve um problema criando outros.

21. Devemos considerar também a poluição produzida pelos resíduos, incluindo os perigosos presentes em variados ambientes. Produzem-se anualmente centenas de milhões de toneladas de resíduos, muitos deles não biodegradáveis: resíduos domésticos e comerciais, detritos de demolições, resíduos clínicos, eletrônicos e industriais, resíduos altamente tóxicos e radioativos. A terra, nossa casa, parece transformar-se cada vez mais num imenso depósito de lixo. Em muitos lugares do planeta, os idosos recordam com saudade as paisagens de outrora, que agora veem submersas de lixo. Tanto os resíduos industriais como os produtos químicos utilizados nas cidades e nos campos podem produzir um efeito de bioacumulação nos organismos dos moradores nas áreas limítrofes, o qual se verifica mesmo quando é

baixo o nível de presença de um elemento tóxico num lugar. Muitas vezes só se adotam medidas quando já se produziram efeitos irreversíveis na saúde das pessoas.

22. Estes problemas estão intimamente ligados à cultura do descarte, que afeta tanto os seres humanos excluídos como as coisas que se convertem rapidamente em lixo. Note-se, por exemplo, como a maior parte do papel produzido se desperdiça sem ser reciclado. Custa-nos reconhecer que o funcionamento dos ecossistemas naturais é exemplar: as plantas sintetizam substâncias nutritivas que alimentam os herbívoros; estes, por sua vez, alimentam os carnívoros que fornecem significativas quantidades de resíduos orgânicos, que dão origem a uma nova geração de vegetais. Ao contrário, o sistema industrial, no final do ciclo de produção e consumo, não desenvolveu a capacidade de absorver e reutilizar resíduos e detritos. Ainda não se conseguiu adotar um modelo circular de produção que assegure recursos para todos e para as gerações futuras e que exige limitar, o mais possível, o uso dos recursos não renováveis, moderando o seu consumo, maximizando a eficiência no seu aproveitamento, reutilizando e reciclando-os. A resolução desta questão seria uma maneira de contrastar a cultura do descarte que acaba por danificar o planeta inteiro, mas nota-se que os progressos neste sentido são ainda muito escassos.

O clima como bem comum

23. O clima é um bem comum, um bem de todos e para todos. Em nível global é um sistema complexo, que tem a ver com muitas condições essenciais para a vida humana. Há um consenso científico muito consistente, indicando que estamos perante um preocupante aquecimento do sistema climático. Nas últimas décadas, este aquecimento foi acompanhado por uma elevação constante do nível do mar, sendo difícil não relacioná-lo ainda com o aumento de acontecimentos meteorológicos extremos, embora não se possa atribuir uma causa cientificamente determinada a cada fenômeno particular. A humanidade é chamada a tomar consciência da necessidade de mudanças de estilos de vida, de produção e de consumo, para combater esse aquecimento ou, pelo menos, as causas humanas que o produzem ou acentuam. É verdade que há outros fatores (tais como o vulcanismo, as variações da órbita e do eixo terrestre, o ciclo solar), mas numerosos estudos científicos indicam que a maior parte do aquecimento global das últimas décadas é devido à alta concentração de gases de efeito estufa (anidrido carbônico, metano, óxido de azoto, e outros) emitidos, sobretudo, por causa da atividade humana. A sua concentração na atmosfera impede que o calor dos raios solares refletidos pela terra se dilua no espaço. Isto é particularmente agravado pelo modelo de desenvolvimento baseado no uso intensivo

de combustíveis fósseis, o qual está no centro do sistema energético mundial. E incidiu também a prática crescente de mudar a utilização do solo, principalmente o desflorestamento para finalidade agrícola.

24. Por sua vez, o aquecimento influi sobre o ciclo do carbono. Cria um círculo vicioso que agrava ainda mais a situação e que incidirá sobre a disponibilidade de recursos essenciais como a água potável, a energia e a produção agrícola das áreas mais quentes e, ainda, provocará a extinção de parte da biodiversidade do planeta. O derretimento das calotas polares e dos glaciares a grande altitude ameaça com uma liberação, de alto risco, de gás metano, e a decomposição da matéria orgânica congelada poderia acentuar ainda mais a emissão de anidrido carbônico. Entretanto, a perda das florestas tropicais piora a situação, pois estas ajudam a mitigar a mudança climática. A poluição produzida pelo anidrido carbônico aumenta a acidez dos oceanos e compromete a cadeia alimentar marinha. Se a tendência atual se mantiver, este século poderá ser testemunha de mudanças climáticas inauditas e de uma destruição sem precedentes dos ecossistemas, com graves consequências para todos nós. Por exemplo, a subida do nível do mar pode criar situações de extrema gravidade, se se considera que um quarto da população mundial vive à beira-mar ou muito perto dele, e a maior parte das megacidades está situada em áreas costeiras.

25. As mudanças climáticas são um problema global com graves implicações ambientais, sociais, econômicas, distributivas e políticas, constituindo atualmente um dos principais desafios para a humanidade. Provavelmente os impactos mais sérios recairão, nas próximas décadas, sobre os países em vias de desenvolvimento. Muitos pobres vivem em lugares particularmente afetados por fenômenos relacionados com o aquecimento, e os seus meios de subsistência dependem fortemente das reservas naturais e dos chamados serviços do ecossistema, como a agricultura, a pesca e os recursos florestais. Não possuem outras disponibilidades econômicas nem outros recursos que lhes permitam adaptar-se aos impactos climáticos ou enfrentar situações catastróficas, e gozam de reduzido acesso a serviços sociais e de proteção. Por exemplo, as mudanças climáticas dão origem a migrações de animais e vegetais que nem sempre conseguem adaptar-se; e isto, por sua vez, afeta os recursos produtivos dos mais pobres, que são forçados também a migrar com grande incerteza quanto ao futuro da sua vida e dos seus filhos. É trágico o aumento de migrantes em fuga da miséria agravada pela degradação ambiental, que, não sendo reconhecidos como refugiados nas convenções internacionais, carregam o peso da sua vida abandonada sem qualquer tutela normativa. Infelizmente, verifica-se uma indiferença geral perante estas tragédias, que

estão acontecendo agora mesmo em diferentes partes do mundo. A falta de reações diante destes dramas dos nossos irmãos e irmãs é um sinal da perda do sentido de responsabilidade pelos nossos semelhantes, sobre o qual se funda toda a sociedade civil.

26. Muitos daqueles que detêm mais recursos e poder econômico ou político parecem concentrar-se, sobretudo, em mascarar os problemas ou ocultar os seus sintomas, procurando apenas reduzir alguns impactos negativos de mudanças climáticas. Mas muitos sintomas indicam que tais efeitos poderão ser cada vez piores, se continuarmos com os modelos atuais de produção e consumo. Por isso, tornou-se urgente e imperioso o desenvolvimento de políticas capazes de fazer com que, nos próximos anos, a emissão de anidrido carbônico e outros gases altamente poluentes se reduza drasticamente, por exemplo, substituindo os combustíveis fósseis e desenvolvendo fontes de energia renovável. No mundo, é exíguo o nível de acesso a energias limpas e renováveis. Mas ainda é necessário desenvolver adequadas tecnologias de acumulação. Entretanto, em alguns países, registraram-se avanços que começam a ser significativos, embora estejam longe de atingir uma proporção importante. Houve também alguns investimentos em modalidades de produção e transporte que consomem menos energia exigindo menor quantidade de matérias-primas, bem como em modalidades de construção ou

reestruturação de edifícios para melhorar a sua eficiência energética. Mas estas práticas promissoras estão longe de se tornar onipresentes.

2. A questão da água

27. Outros indicadores da situação atual têm a ver com o esgotamento dos recursos naturais. É bem conhecida a impossibilidade de sustentar o nível atual de consumo dos países mais desenvolvidos e dos setores mais ricos da sociedade, onde o hábito de desperdiçar e jogar fora atinge níveis inauditos. Já se ultrapassaram certos limites máximos de exploração do planeta, sem termos resolvido o problema da pobreza.

28. A água potável e limpa constitui uma questão de primordial importância, porque é indispensável para a vida humana e para sustentar os ecossistemas terrestres e aquáticos. As fontes de água doce abastecem os setores sanitários, agropecuários e industriais. A disponibilidade de água manteve-se relativamente constante durante muito tempo, mas agora, em muitos lugares, a procura excede a oferta sustentável, com graves consequências a curto e longo prazo. Grandes cidades, que dependem de importantes reservas hídricas, sofrem períodos de carência do recurso, que, nos momentos críticos, nem sempre se administra com uma gestão adequada e com imparcialidade. A pobreza da

água pública verifica-se especialmente na África, onde grandes setores da população não têm acesso à água potável segura, ou sofrem secas que tornam difícil a produção de alimentos. Em alguns países, há regiões com abundância de água, enquanto outras sofrem de grave escassez.

29. Um problema particularmente sério é o da qualidade da água disponível para os pobres, que diariamente ceifa muitas vidas. Entre os pobres, são frequentes as doenças relacionadas com a água, incluindo as causadas por micro-organismos e substâncias químicas. A diarreia e a cólera, devido a serviços de higiene e reservas de água inadequados, constituem um fator significativo de sofrimento e mortalidade infantil. Em muitos lugares, os lençóis freáticos estão ameaçados pela poluição produzida por algumas atividades extrativas, agrícolas e industriais, sobretudo em países desprovidos de regulamentação e controles suficientes. Não pensemos apenas nas descargas provenientes das fábricas; os detergentes e produtos químicos que a população utiliza em muitas partes do mundo continuam a ser derramados em rios, lagos e mares.

30. Enquanto a qualidade da água disponível piora constantemente, em alguns lugares cresce a tendência para se privatizar este recurso escasso, tornando-se uma mercadoria sujeita às leis do mercado. Na realidade, o acesso à água potável e segura é um direito

humano essencial, fundamental e universal, porque determina a sobrevivência das pessoas e, portanto, é condição para o exercício dos outros direitos humanos. Este mundo tem uma grave dívida social para com os pobres que não têm acesso à água potável, porque isto é negar-lhes o direito à vida radicado na sua dignidade inalienável. Esta dívida é parcialmente saldada com maiores contribuições econômicas para prover de água limpa e saneamento as populações mais pobres. Entretanto, nota-se um desperdício de água não só nos países desenvolvidos, mas também naqueles em vias de desenvolvimento que possuem grandes reservas. Isto mostra que o problema da água é, em parte, uma questão educativa e cultural, porque não há consciência da gravidade destes comportamentos num contexto de grande desigualdade.

31. Uma maior escassez de água provocará o aumento do custo dos alimentos e de vários produtos que dependem do seu uso. Alguns estudos assinalaram o risco de sofrer uma aguda escassez de água dentro de poucas décadas, se não forem tomadas medidas urgentes. Os impactos ambientais poderiam afetar milhares de milhões de pessoas, sendo previsível que o controle da água por grandes empresas mundiais se transforme em uma das principais fontes de conflitos deste século.[23]

---

[23] Cf. Francisco, *Saudação aos funcionários da FAO* (20 de novembro de 2014): *AAS* 106 (2014), 985; *L'Osservatore Romano* (ed. portuguesa de 27/11/2014), 3.

3. Perda de biodiversidade

32. Os recursos da terra estão sendo depredados também por causa de formas imediatistas de entender a economia e a atividade comercial e produtiva. A perda de florestas e bosques implica simultaneamente a perda de espécies que poderiam constituir, no futuro, recursos extremamente importantes não só para a alimentação, mas também para a cura de doenças e vários serviços. As diferentes espécies contêm genes que podem ser recursos-chave para resolver, no futuro, alguma necessidade humana ou regular algum problema ambiental.

33. Entretanto, não basta pensar nas diferentes espécies apenas como eventuais "recursos" exploráveis, esquecendo que possuem um valor em si mesmas. Anualmente, desaparecem milhares de espécies vegetais e animais, que já não poderemos conhecer, que os nossos filhos não poderão ver, perdidas para sempre. A grande maioria delas extingue-se por razões que têm a ver com alguma atividade humana. Por nossa causa, milhares de espécies já não darão glória a Deus com a sua existência, nem poderão comunicar-nos a sua própria mensagem. Não temos direito de fazê-lo.

34. Possivelmente, perturba-nos saber da extinção de um mamífero ou de uma ave, pela sua maior visibilidade; mas, para o bom funcionamento dos ecossistemas, também são necessários os fungos, as algas, os

vermes, os pequenos insetos, os répteis e a variedade inumerável de micro-organismos. Algumas espécies pouco numerosas, que habitualmente nos passam despercebidas, desempenham uma função fundamental para estabelecer o equilíbrio de um lugar. É verdade que o ser humano deve intervir quando um geossistema cai em estado crítico, mas hoje o nível de intervenção humana em uma realidade tão complexa como a natureza é tal, que os desastres constantes causados pelo ser humano provocam uma nova intervenção dele, de modo que a atividade humana torna-se onipresente, com todos os riscos que isto implica. Normalmente, cria-se um círculo vicioso, no qual a intervenção humana, para resolver uma dificuldade, muitas vezes agrava ainda mais a situação. Por exemplo, muitos pássaros e insetos, que desaparecem por causa dos agrotóxicos criados pela tecnologia, são úteis para a própria agricultura, e o seu desaparecimento deverá ser compensado por outra intervenção tecnológica que possivelmente trará novos efeitos nocivos. São louváveis e, às vezes, admiráveis os esforços de cientistas e técnicos que procuram dar solução aos problemas criados pelo ser humano. Mas, contemplando o mundo, damo-nos conta de que este nível de intervenção humana, muitas vezes a serviço do sistema financeiro e do consumismo, faz com que esta terra onde vivemos se torne realmente menos rica e bela, cada vez mais limitada e cinzenta, enquanto ao mesmo tempo o desenvolvimento da tecnologia e das ofertas de consumo continua a avançar sem limite. Assim, parece que nos iludimos de poder substituir uma beleza irreparável e irrecuperável por outra criada por nós.

35. Quando se analisa o impacto ambiental de qualquer iniciativa econômica, costuma-se olhar para os seus efeitos no solo, na água e no ar, mas nem sempre se inclui um estudo cuidadoso do impacto na biodiversidade, como se a perda de algumas espécies ou de grupos animais ou vegetais fosse algo de pouca relevância. As estradas, os novos cultivos, as reservas, as barragens e outras construções vão tomando posse dos *habitat* e, por vezes, fragmentam-nos de tal maneira que as populações de animais já não podem migrar nem se mover livremente, pelo que algumas espécies correm o risco de extinção. Existem alternativas que, pelo menos, mitigam o impacto destas obras, como a criação de corredores biológicos, mas são poucos os países em que se adverte para este cuidado e prevenção. Quando se explora comercialmente algumas espécies, nem sempre se estuda a sua modalidade de crescimento para evitar a sua diminuição excessiva e consequente desequilíbrio do ecossistema.

36. O cuidado dos ecossistemas requer uma perspectiva que se estenda para além do imediato, porque, quando se busca apenas um ganho econômico rápido

e fácil, já ninguém se importa realmente com a sua preservação. Mas o custo dos danos provocados pela negligência egoísta é muitíssimo maior do que o benefício econômico que se possa obter. No caso da perda ou dano grave de algumas espécies, fala-se de valores que excedem todo e qualquer cálculo. Por isso, podemos ser testemunhas silenciosas de gravíssimas desigualdades, quando se pretende obter benefícios significativos, fazendo o restante da humanidade, presente e futura, pagar os altíssimos custos da degradação ambiental.

37. Alguns países fizeram progressos na conservação eficaz de certos lugares e áreas – na terra e nos oceanos –, proibindo aí toda a intervenção humana que possa modificar a sua fisionomia ou alterar a sua constituição original. No cuidado da biodiversidade, os especialistas insistem na necessidade de prestar uma especial atenção às áreas mais ricas em variedade de espécies, em espécies endêmicas, raras ou com menor grau de efetiva proteção. Há lugares que requerem um cuidado particular pela sua enorme importância para o ecossistema mundial, ou que constituem significativas reservas de água assegurando, assim, outras formas de vida.

38. Mencionemos, por exemplo, os pulmões do planeta repletos de biodiversidade que são a Amazônia e a bacia fluvial do Congo, ou os grandes lençóis freáticos e os glaciares. A importância destes lugares para o

conjunto do planeta e para o futuro da humanidade não se pode ignorar. Os ecossistemas das florestas tropicais possuem uma biodiversidade de enorme complexidade, quase impossível de conhecer completamente, mas, quando estas florestas são queimadas ou derrubadas para desenvolver cultivos, em poucos anos perdem-se inúmeras espécies, ou tais áreas transformam-se em áridos desertos. Todavia, ao falar sobre estes lugares, impõe-se um delicado equilíbrio, porque não é possível ignorar também os enormes interesses econômicos internacionais que, a pretexto de cuidar deles, podem atentar contra as soberanias nacionais. Com efeito, há "propostas de internacionalização da Amazônia que só servem aos interesses econômicos das corporações internacionais".[24] É louvável a tarefa de organismos internacionais e organizações da sociedade civil que sensibilizam as populações e colaboram de forma crítica, inclusive utilizando legítimos mecanismos de pressão, para que cada governo cumpra o dever próprio e não delegável de preservar o meio ambiente e os recursos naturais do seu país, sem se vender a espúrios interesses locais ou internacionais.

39. Habitualmente também não se faz objeto de adequada análise a substituição da flora silvestre por áreas florestais com árvores, que geralmente são

---

[24] V Conferência Geral do Episcopado Latino-Americano e do Caribe, *Documento de Aparecida* (29 de junho de 2007), 86.

monoculturas. É que pode afetar gravemente uma biodiversidade que não é acolhida pelas novas espécies que se implantam. Também as zonas úmidas, que são transformadas em terrenos agrícolas, perdem a enorme biodiversidade que abrigavam. É preocupante, em algumas áreas costeiras, o desaparecimento dos ecossistemas constituídos por manguezais.

40. Os oceanos contêm não só a maior parte da água do planeta, mas também a maior parte da vasta variedade dos seres vivos, muitos deles ainda desconhecidos para nós e ameaçados por diversas causas. Além disso, a vida nos rios, lagos, mares e oceanos, a qual nutre grande parte da população mundial, é afetada pela extração descontrolada dos recursos ictíicos, que provoca drástica diminuição de algumas espécies. E, no entanto, continuam a desenvolver-se modalidades seletivas de pesca, que descartam grande parte das espécies apanhadas. Particularmente ameaçados estão organismos marinhos que não temos em consideração, como certas formas de plâncton que constituem um componente muito importante da cadeia alimentar marinha e de que dependem, em última instância, espécies que se utilizam para a alimentação humana.

41. Passando aos mares tropicais e subtropicais, encontramos os recifes de coral, que equivalem às grandes florestas da terra firme, porque abrigam cerca de um milhão de espécies, incluindo peixes,

caranguejos, moluscos, esponjas, algas e outras. Hoje, muitos dos recifes de coral no mundo já são estéreis ou encontram-se num estado contínuo de declínio: "Quem transformou o maravilhoso mundo marinho em cemitérios subaquáticos despojados de vida e de cor?".[25] Este fenômeno deve-se, em grande parte, à poluição que chega ao mar resultante do desflorestamento, das monoculturas agrícolas, dos dejetos industriais e de métodos de pesca destrutivos, nomeadamente os que utilizam cianeto e dinamite. E é agravado pelo aumento da temperatura dos oceanos. Tudo isso nos ajuda a compreender como qualquer ação sobre a natureza pode ter consequências que não advertimos à primeira vista e como certas formas de exploração de recursos se obtêm à custa de uma degradação que acaba por chegar até ao fundo dos oceanos.

42. É preciso investir muito mais na pesquisa para se entender melhor o comportamento dos ecossistemas e analisar adequadamente as diferentes variáveis de impacto de qualquer modificação importante do meio ambiente. Visto que todas as criaturas estão interligadas, deve ser reconhecido com carinho e admiração o valor de cada uma, e todos nós, seres criados, precisamos uns dos outros. Cada território detém uma parte de responsabilidade no cuidado desta família, pelo que

---

[25] Conferência dos Bispos Católicos das Filipinas, Carta pastoral *What is Happening to our Beautiful Land?* (29 de janeiro de 1988).

deve fazer um inventário cuidadoso das espécies que abriga a fim de desenvolver programas e estratégias de proteção, cuidando com particular solicitude das espécies em vias de extinção.

4. Deterioração da qualidade de vida humana e degradação social

43. Tendo em conta que o ser humano também é uma criatura deste mundo, que tem direito a viver e ser feliz e, além disso, possui uma dignidade especial, não podemos deixar de considerar os efeitos da degradação ambiental, do modelo atual de desenvolvimento e da cultura do descarte sobre a vida das pessoas.

44. Nota-se hoje, por exemplo, o crescimento desmedido e descontrolado de muitas cidades que se tornaram pouco saudáveis para viver, devido não só à poluição proveniente de emissões tóxicas, mas também ao caos urbano, aos problemas de transporte e à poluição visual e acústica. Muitas cidades são grandes estruturas que não funcionam, gastando energia e água em excesso. Há bairros que, embora construídos recentemente, apresentam-se congestionados e desordenados, sem espaços verdes suficientes. Não é conveniente para os habitantes deste planeta viver cada vez mais encobertos de cimento, asfalto, vidro e metais, privados do contato físico com a natureza.

45. Em alguns lugares, rurais e urbanos, a privatização dos espaços tornou difícil o acesso dos cidadãos a áreas de especial beleza; noutros, criaram-se áreas residenciais "ecológicas" postas à disposição só de poucos, procurando-se evitar que outros entrem e perturbem uma tranquilidade artificial. Muitas vezes encontra-se uma cidade bela e cheia de espaços verdes e bem cuidados em algumas áreas "seguras", mas não em áreas menos visíveis, onde vivem os descartados da sociedade.

46. Entre os componentes sociais da mudança global, incluem-se os efeitos laborais de algumas inovações tecnológicas, a exclusão social, a desigualdade no fornecimento e consumo da energia e de outros serviços, a fragmentação social, o aumento da violência e o aparecimento de novas formas de agressividade social, o narcotráfico e o consumo crescente de drogas entre os mais jovens, a perda de identidade. São alguns sinais, entre outros, que mostram como o crescimento nos últimos dois séculos não significou, em todos os seus aspectos, um verdadeiro progresso integral e uma melhoria da qualidade de vida. Alguns destes sinais são ao mesmo tempo sintomas de uma verdadeira degradação social, de uma silenciosa ruptura dos vínculos de integração e comunhão social.

47. A isto vêm juntar-se as dinâmicas dos *mass media* e do mundo digital, que, quando se tornam onipresentes, não favorecem o desenvolvimento de

uma capacidade de viver com sabedoria, pensar em profundidade, amar com generosidade. Neste contexto, os grandes sábios do passado correriam o risco de ver sufocada a sua sabedoria no meio do ruído dispersivo da informação. Isto exige de nós um esforço para que esses meios se traduzam num novo desenvolvimento cultural da humanidade, e não em uma deterioração da sua riqueza mais profunda. A verdadeira sabedoria, fruto da reflexão, do diálogo e do encontro generoso entre as pessoas, não se adquire com uma mera acumulação de dados, que, em uma espécie de poluição mental, acabam por saturar e confundir. Ao mesmo tempo tendem a substituir as relações reais com os outros, com todos os desafios que implicam, por um tipo de comunicação mediada pela internet. Isto permite selecionar ou eliminar a nosso arbítrio as relações e, deste modo, frequentemente se gera um novo tipo de emoções artificiais, que têm a ver mais com dispositivos e monitores do que com as pessoas e a natureza. Os meios atuais permitem-nos comunicar e partilhar conhecimentos e afetos. Mas, às vezes, também nos impedem de tomar contato direto com a angústia, o tremor, a alegria do outro e com a complexidade da sua experiência pessoal. Por isso, não deveria surpreender--nos o fato de, a par da oferta sufocante destes produtos, ir crescendo uma profunda e melancólica insatisfação nas relações interpessoais ou um nocivo isolamento.

5. Desigualdade planetária

48. O ambiente humano e o ambiente natural degradam-se em conjunto; e não podemos enfrentar adequadamente a degradação ambiental, se não prestarmos atenção às causas que têm a ver com a degradação humana e social. De fato, a deterioração do meio ambiente e a da sociedade afetam de modo especial os mais frágeis do planeta: "Tanto a experiência comum da vida cotidiana como a investigação científica demonstram que os efeitos mais graves de todas as agressões ambientais recaem sobre as pessoas mais pobres".[26] Por exemplo, o esgotamento das reservas ictíicas prejudica especialmente as pessoas que vivem da pesca artesanal e não possuem qualquer maneira de substituí-la, a poluição da água afeta particularmente os mais pobres que não têm possibilidades de comprar água engarrafada, e a elevação do nível do mar afeta principalmente as populações costeiras mais pobres que não têm para onde se transferir. O impacto dos desequilíbrios atuais manifesta-se também na morte prematura de muitos pobres, nos conflitos gerados pela falta de recursos e em muitos outros problemas que não têm espaço suficiente nas agendas mundiais.[27]

---

[26] Conferência Episcopal da Bolívia, Carta pastoral *El universo, don de Dios para la vida* (2012), 17.

[27] Cf. Conferência Episcopal Alemã – Comissão para a Pastoral Social, *Der Klimawandel: Brennpunkt globaler, intergenera tioneller und ökologischer Gerechtigkeit* (setembro de 2006), 28-30.

49. Gostaria de assinalar que muitas vezes falta uma consciência clara dos problemas que afetam particularmente os excluídos. Estes são a maioria do planeta, vários bilhões de pessoas. Hoje são mencionados nos debates políticos e econômicos internacionais, mas com frequência parece que os seus problemas são colocados como um apêndice, como uma questão que se acrescenta quase por obrigação ou perifericamente, quando não são considerados meros danos colaterais. Com efeito, na hora da implementação concreta, permanecem frequentemente no último lugar. Isto se deve, em parte, ao fato de que muitos profissionais, formadores de opinião, meios de comunicação e centros de poder estarem localizados longe deles, em áreas urbanas isoladas, sem ter contato direto com os seus problemas.

Vivem e refletem a partir da comodidade de um desenvolvimento e de uma qualidade de vida que não está ao alcance da maioria da população mundial. Esta falta de contato físico e de encontro, às vezes favorecida pela fragmentação das nossas cidades, ajuda a cauterizar a consciência e a ignorar parte da realidade em análises tendenciosas. Isto, às vezes, coexiste com um discurso "verde". Mas, hoje, não podemos deixar de reconhecer que uma verdadeira abordagem ecológica sempre se torna uma abordagem social, que deve integrar a justiça nos debates sobre o meio ambiente, para ouvir tanto o clamor da terra como o clamor dos pobres.

50. Em vez de resolver os problemas dos pobres e pensar num mundo diferente, alguns se limitam a propor uma redução da natalidade. Não faltam pressões internacionais sobre os países em vias de desenvolvimento, que condicionam as ajudas econômicas a determinadas políticas de "saúde reprodutiva". Mas, "se é verdade que a desigual distribuição da população e dos recursos disponíveis cria obstáculos ao desenvolvimento e ao uso sustentável do ambiente, deve-se reconhecer que o crescimento demográfico é plenamente compatível com um desenvolvimento integral e solidário".[28] Culpar o incremento demográfico em vez do consumismo exacerbado e seletivo de alguns é uma forma de não enfrentar os problemas. Pretende-se, assim, legitimar o modelo distributivo atual, no qual uma minoria se julga com o direito de consumir em uma proporção que seria impossível generalizar, porque o planeta não poderia sequer conter os resíduos de tal consumo. Além disso, sabemos que se desperdiça aproximadamente um terço dos alimentos produzidos, e "a comida que se desperdiça é como se fosse roubada da mesa do pobre".[29] Em todo o caso, é verdade que devemos prestar atenção ao desequilíbrio na distribuição da população pelo território, tanto

---

[28] Pontifício Conselho "Justiça e Paz", *Compêndio da Doutrina Social da Igreja*, 483.

[29] Francisco, *Catequese* (5 de junho de 2013): *Insegnamenti* 1/1 (2013), 280; *L'Osservatore Romano* (ed. portuguesa de 9/6/2013), 16.

em nível nacional como mundial, porque o aumento do consumo levaria a situações regionais complexas pelas combinações de problemas ligados à poluição ambiental, ao transporte, ao tratamento de resíduos, à perda de recursos, à qualidade de vida.

51. A desigualdade não afeta apenas os indivíduos, mas países inteiros, e obriga a pensar em uma ética das relações internacionais. Com efeito, há uma verdadeira "dívida ecológica", particularmente entre o Norte e o Sul, ligada a desequilíbrios comerciais com consequências no âmbito ecológico e com o uso desproporcional dos recursos naturais efetuado historicamente por alguns países. As exportações de algumas matérias-primas para satisfazer os mercados no Norte industrializado produziram danos locais, como, por exemplo, a contaminação com mercúrio na extração minerária do ouro ou com o dióxido de enxofre na do cobre. De modo especial é preciso calcular o espaço ambiental de todo o planeta usado para depositar resíduos gasosos que se foram acumulando ao longo de dois séculos e criaram uma situação que agora afeta todos os países do mundo. O aquecimento causado pelo enorme consumo de alguns países ricos tem repercussões nos lugares mais pobres da terra, especialmente na África, onde o aumento da temperatura, juntamente com a seca, tem efeitos desastrosos no rendimento das plantações. A isto se acrescentam os danos causados pela exportação de

resíduos sólidos e líquidos tóxicos para os países em vias de desenvolvimento e pela atividade poluente de empresas que fazem nos países menos desenvolvidos aquilo que não podem fazer nos países que lhes dão o capital: "Constatamos frequentemente que as empresas que assim procedem são multinacionais, que fazem aqui o que não lhes é permitido em países desenvolvidos ou do chamado primeiro mundo. Geralmente, quando cessam as suas atividades e se retiram, deixam grandes danos humanos e ambientais, como o desemprego, aldeias sem vida, esgotamento de algumas reservas naturais, desflorestamento, empobrecimento da agricultura e pecuária local, crateras, colinas devastadas, rios poluídos e algumas poucas obras sociais que já não se podem sustentar".[30]

52. A dívida externa dos países pobres transformou-se num instrumento de controle, mas não se dá o mesmo com a dívida ecológica. De várias maneiras os povos em vias de desenvolvimento, onde se encontram as reservas mais importantes da biosfera, continuam a alimentar o progresso dos países mais ricos à custa do seu presente e do seu futuro. A terra dos pobres do Sul é rica e pouco contaminada, mas o acesso à propriedade de bens e recursos para satisfazerem as suas carências vitais lhes é vedado por um sistema de

---

[30] Bispos da região da Patagônia-Comahue (Argentina), *Mensaje de Navidad* (dezembro de 2009), 2.

relações comerciais e de propriedade estruturalmente perverso. É necessário que os países desenvolvidos contribuam para resolver esta dívida, limitando significativamente o consumo de energia não renovável e fornecendo recursos aos países mais necessitados para promover políticas e programas de desenvolvimento sustentável. As regiões e os países mais pobres têm menos possibilidade de adotar novos modelos de redução do impacto ambiental, porque não têm preparação para desenvolver os processos necessários nem podem cobrir os seus custos. Por isso, deve-se manter claramente a consciência de que a mudança climática tem responsabilidades diversificadas e, como disseram os bispos dos Estados Unidos, é oportuno concentrar-se "especialmente sobre as necessidades dos pobres, fracos e vulneráveis, num debate muitas vezes dominado pelos interesses mais poderosos".[31] É preciso revigorar a consciência de que somos uma única família humana. Não há fronteiras nem barreiras políticas ou sociais que permitam isolar-nos e, por isso mesmo, também não há espaço para a globalização da indiferença.

---

[31] Conferência dos Bispos Católicos dos Estados Unidos da América, *Global Climate Change: A Plea for Dialogue, Prudence and the Common Good* (15 de junho de 2001).

6. A fraqueza das reações

53. Estas situações provocam gemidos da irmã terra, que se unem aos gemidos dos abandonados do mundo, com um lamento que reclama de nós outro rumo. Nunca maltratamos e ferimos a nossa casa comum como nos últimos dois séculos. Mas somos chamados a tornar-nos os instrumentos de Deus Pai para que o nosso planeta seja o que Ele sonhou ao criá-lo e corresponda ao seu projeto de paz, beleza e plenitude. O problema é que não dispomos ainda da cultura necessária para enfrentar esta crise e há necessidade de construir lideranças que apontem caminhos, procurando dar resposta às necessidades das gerações atuais, todos incluídos, sem prejudicar as gerações futuras. Torna-se indispensável criar um sistema normativo que inclua limites invioláveis e assegure a proteção dos ecossistemas, antes que as novas formas de poder derivadas do paradigma tecnoeconômico acabem por arrasá-los não só com a política, mas também com a liberdade e a justiça.

54. Preocupa a fraqueza da reação política internacional. A submissão da política à tecnologia e à economia demonstra-se na falência das cúpulas mundiais sobre o meio ambiente. Há demasiados interesses particulares e, com muita facilidade, o interesse econômico chega a prevalecer sobre o bem comum e

manipular a informação para não ver afetados os seus projetos. Nesta linha, o *Documento de Aparecida* pede que, "nas intervenções sobre os recursos naturais, não predominem os interesses de grupos econômicos que arrasam irracionalmente as fontes da vida".[32] A aliança entre economia e tecnologia acaba por deixar de fora tudo o que não faz parte dos seus interesses imediatos. Deste modo, poder-se-á esperar apenas algumas proclamações superficiais, ações filantrópicas isoladas e ainda poucos esforços para mostrar sensibilidade para com o meio ambiente, enquanto, na realidade, qualquer tentativa das organizações sociais para alterar as coisas será vista como um distúrbio provocado por sonhadores românticos ou como um obstáculo a superar.

55. Pouco a pouco alguns países poderão mostrar progressos significativos, o desenvolvimento de controles mais eficientes e uma luta mais sincera contra a corrupção. Cresceu a sensibilidade ecológica das populações, mas é ainda insuficiente para mudar os hábitos nocivos de consumo, que não parecem diminuir; antes, expandem-se e desenvolvem-se. É o que acontece – só para dar um exemplo simples – com o crescente aumento do uso e intensidade dos condicionadores de ar: os mercados, apostando num ganho imediato, estimulam ainda mais a procura. Se alguém observasse

---

[32] V Conferência Geral do Episcopado Latino-Americano e do Caribe, *Documento de Aparecida* (29 de junho de 2007), 471.

de fora a sociedade planetária, maravilhar-se-ia com tal comportamento que às vezes parece suicida.

56. Entretanto, os poderes econômicos continuam a justificar o sistema mundial atual, onde predomina uma especulação e uma busca de receitas financeiras que tendem a ignorar todo o contexto e os efeitos sobre a dignidade humana e sobre o meio ambiente. Assim se manifesta como estão intimamente ligadas a degradação ambiental e a degradação humana e ética. Muitos dirão que não têm consciência de realizarem ações imorais, porque a constante distração nos tira a coragem de tomar consciência da realidade de um mundo limitado e finito. Por isso, hoje, "qualquer realidade que seja frágil, como o meio ambiente, fica indefesa perante os interesses do mercado divinizado, transformados em regra absoluta".[33]

57. É possível que, perante o esgotamento de alguns recursos, se vá criando um cenário favorável para novas guerras, disfarçadas sob nobres reivindicações. A guerra causa sempre danos graves ao meio ambiente e à riqueza cultural dos povos, e os riscos avolumam-se quando se pensa nas armas nucleares e nas armas biológicas. Com efeito, " não obstante haver acordos internacionais que proíbem a guerra química,

---

[33] Papa Francisco, Exortação apostólica *Evangelii Gaudium* (24 de novembro de 2013), 56: *AAS* 105 (2013), 1043.

bacteriológica e biológica, subsiste o fato de continuarem nos laboratórios as pesquisas para o desenvolvimento de novas armas ofensivas, capazes de alterar os equilíbrios naturais".[34] Exige-se da política maior atenção para prevenir e resolver as causas que podem dar origem a novos conflitos. Entretanto, o poder, ligado com a economia, é o que maior resistência põe a tal esforço, e os projetos políticos carecem muitas vezes de amplitude de horizonte. Para que se quer preservar hoje um poder que será recordado pela sua incapacidade de intervir quando era urgente e necessário fazê-lo?

58. Em alguns países há exemplos positivos de resultados na melhoria do ambiente, tais como o saneamento de alguns rios que foram poluídos durante muitas décadas, a recuperação de florestas nativas, o embelezamento de paisagens com obras de saneamento ambiental, projetos de edifícios de grande valor estético, progressos na produção de energia limpa, na melhoria dos transportes públicos. Estas ações não resolvem os problemas globais, mas confirmam que o ser humano ainda é capaz de intervir de forma positiva. Como foi criado para amar, no meio dos seus limites germinam inevitavelmente gestos de generosidade, solidariedade e desvelo.

---

[34] João Paulo II, *Mensagem para o Dia Mundial da Paz de 1990*, 12: *AAS* 82 (1990), 154.

59. Ao mesmo tempo cresce uma ecologia superficial ou aparente que consolida certo torpor e uma alegre irresponsabilidade. Como frequentemente acontece em épocas de crises profundas, que exigem decisões corajosas, somos tentados a pensar que aquilo que está acontecendo não é verdade. Se nos detivermos na superfície, para além de alguns sinais visíveis de poluição e degradação, parece que as coisas não estão assim tão graves e que o planeta poderia subsistir ainda por muito tempo nas condições atuais. Este comportamento evasivo serve para mantermos os nossos estilos de vida, produção e consumo. É a forma como o ser humano se organiza para alimentar todos os vícios autodestrutivos: tenta não vê-los, luta para não reconhecê--los, adia as decisões importantes, age como se nada tivesse acontecido.

7. Diversidade de opiniões

60. Finalmente reconhecemos, a propósito da situação e das possíveis soluções, que se desenvolveram diferentes perspectivas e linhas de pensamento. Num dos extremos, alguns defendem a todo o custo o mito do progresso, afirmando que os problemas ecológicos resolver-se-ão simplesmente com novas aplicações técnicas, sem considerações éticas nem mudanças de fundo. No extremo oposto, outros pensam que o ser humano, com qualquer uma das suas intervenções, só

pode ameaçar e comprometer o ecossistema mundial, pelo que convém reduzir a sua presença no planeta e impedir-lhe todo tipo de intervenção. Entre estes extremos, a reflexão deveria identificar possíveis cenários futuros, porque não existe só um caminho de solução. Isto deixaria espaço para uma variedade de contribuições que poderiam entrar em diálogo a fim de chegar a respostas abrangentes.

61. Sobre muitas questões concretas, a Igreja não tem motivo para propor uma palavra definitiva e entende que deve escutar e promover o debate honesto entre os cientistas, respeitando a diversidade de opiniões. Basta, porém, olhar a realidade com sinceridade, para ver que há uma grande deterioração da nossa casa comum. A esperança convida-nos a reconhecer que sempre há uma saída, sempre podemos mudar de rumo, sempre podemos fazer alguma coisa para resolver os problemas. Todavia, parece notarem-se sintomas de um ponto de ruptura, por causa da alta velocidade das mudanças e da degradação, que se manifestam tanto em catástrofes naturais regionais como em crises sociais ou mesmo financeiras, uma vez que os problemas do mundo não se podem analisar nem explicar de forma isolada. Há regiões que já se encontram particularmente em risco e, prescindindo de qualquer previsão catastrófica, o certo é que o atual sistema mundial é insustentável a partir de vários pontos de vista, porque deixamos de pensar

nas finalidades da ação humana: "Se o olhar percorre as regiões do nosso planeta, percebemos depressa que a humanidade frustrou a expectativa divina".[35]

---

[35] Id., *Catequese* (17 de janeiro de 2001), 3: *Insegnamenti* 24/1 (2001), 178; *L'Osservatore Romano* (ed. portuguesa de 20/1/2001), 8.

Capítulo II

O EVANGELHO DA CRIAÇÃO

62. Por que motivo incluir, neste documento dirigido a todas as pessoas de boa vontade, um capítulo referente às convicções da fé? Não ignoro que alguns, no campo da política e do pensamento, rejeitam decididamente a ideia de um Criador ou consideram-na irrelevante, chegando ao ponto de relegar para o reino do irracional a riqueza que as religiões possam oferecer para uma ecologia integral e o pleno desenvolvimento do gênero humano; outras vezes, supõe-se que elas constituam uma subcultura que se deve simplesmente tolerar. Todavia, a ciência e a religião, que fornecem diferentes abordagens da realidade, podem entrar num diálogo intenso e frutuoso para ambas.

1. A luz que a fé oferece

63. Se tivermos presente a complexidade da crise ecológica e as suas múltiplas causas, deveremos reconhecer que as soluções não podem vir de uma única maneira de interpretar e transformar a realidade. É necessário recorrer também às diversas riquezas culturais dos povos, à arte e à poesia, à vida interior e

à espiritualidade. Se quisermos, de verdade, construir uma ecologia que nos permita reparar tudo o que temos destruído, então nenhum ramo das ciências e nenhuma forma de sabedoria pode ser preterida, nem sequer a sabedoria religiosa com a sua linguagem própria. Além disso, a Igreja Católica está aberta ao diálogo com o pensamento filosófico, o que lhe permite produzir várias sínteses entre fé e razão. No que diz respeito às questões sociais, pode-se constatar isto mesmo no desenvolvimento da doutrina social da Igreja, chamada a enriquecer-se cada vez mais a partir dos novos desafios.

64. Por outro lado, embora esta encíclica se abra a um diálogo com todos para, juntos, buscarmos caminhos de libertação, quero mostrar desde o início como as convicções da fé oferecem aos cristãos – e, em parte, também a outros crentes – motivações importantes para cuidar da natureza e dos irmãos e irmãs mais frágeis. Se, pelo simples fato de serem humanas, as pessoas se sentem movidas a cuidar do ambiente de que fazem parte, "os cristãos, em particular, advertem que a sua tarefa no seio da criação e os seus deveres em relação à natureza e ao Criador fazem parte da sua fé".[36] Por isso é bom, para a humanidade e para o mundo, que nós, crentes, conheçamos melhor os compromissos ecológicos que brotam das nossas convicções.

---

[36] João Paulo II, *Mensagem para o Dia Mundial da Paz de 1990*, 15: *AAS* 82 (1990), 156.

2. A sabedoria das narrações bíblicas

65. Sem repropor aqui toda a teologia da Criação, queremos saber o que nos dizem as grandes narrações bíblicas sobre a relação do ser humano com o mundo. Na primeira narração da obra criadora, no livro do Gênesis, o plano de Deus inclui a criação da humanidade. Depois da criação do homem e da mulher, diz-se que "E Deus viu tudo quanto havia feito, e era muito bom" (Gn 1,31). A Bíblia ensina que cada ser humano é criado por amor, feito à imagem e semelhança de Deus (cf. Gn 1,26). Esta afirmação mostra-nos a imensa dignidade de cada pessoa humana, que "não é somente alguma coisa, mas alguém. É capaz de se conhecer, de se possuir e de livremente se dar e entrar em comunhão com outras pessoas".[37] São João Paulo II recordou que o amor muito especial que o Criador tem por cada ser humano "confere-lhe uma dignidade infinita".[38] Todos aqueles que estão empenhados na defesa da dignidade das pessoas podem encontrar, na fé cristã, as razões mais profundas para tal compromisso. Como é maravilhosa a certeza de que a vida de cada pessoa não se perde num caos desesperador, num mundo regido pelo puro acaso ou por ciclos que

---

[37] *Catecismo da Igreja Católica*, 357.

[38] *Angelus com os inválidos*, Osnabrük/Alemanha (16 de novembro de 1980): *Insegnamenti* 3/2 (1980), 1232; *L'Osservatore Romano* (ed. portuguesa de 23/11/1980), 20.

se repetem sem sentido! O Criador pode dizer a cada um de nós: "Antes de formar-te no seio de tua mãe, eu já te conhecia" (Jr 1,5). Fomos concebidos no coração de Deus e, por isso, "cada um de nós é o fruto de um pensamento de Deus. Cada um de nós é querido, cada um de nós é amado, cada um é necessário".[39]

66. As narrações da criação no livro do Gênesis contêm, na sua linguagem simbólica e narrativa, ensinamentos profundos sobre a existência humana e a sua realidade histórica. Estas narrações sugerem que a existência humana se baseia sobre três relações fundamentais intimamente ligadas: as relações com Deus, com o próximo e com a terra. Segundo a Bíblia, estas três relações vitais romperam-se não só exteriormente, mas também dentro de nós. Esta ruptura é o pecado. A harmonia entre o Criador, a humanidade e toda a criação foi destruída por termos pretendido ocupar o lugar de Deus, recusando reconhecer-nos como criaturas limitadas. Este fato distorceu também a natureza do mandato de "dominar" a terra (cf. Gn 1,28) e de a "cultivar e guardar" (cf. Gn 2,15). Como resultado, a relação originariamente harmoniosa entre o ser humano e a natureza transformou-se num conflito (cf. Gn 3,17-19). Por isso, é significativo que a harmonia vivida por

---

[39] Bento XVI, *Homilia no início solene do Ministério Petrino* (24 de abril de 2005): *AAS* 97 (2005), 711; *L'Osservatore Romano* (ed. portuguesa de 30/4/2015), 5.

São Francisco de Assis com todas as criaturas tenha sido interpretada como uma cura daquela ruptura. Dizia São Boaventura que, através da reconciliação universal com todas as criaturas, Francisco voltara de alguma forma ao estado de inocência original.[40] Longe deste modelo, o pecado manifesta-se hoje, com toda a sua força de destruição, nas guerras, nas várias formas de violência e abuso, no abandono dos mais frágeis, nos ataques contra a natureza.

67. Não somos Deus. A terra existe antes de nós e foi-nos dada. Isto permite responder a uma acusação lançada contra o pensamento judaico-cristão: foi dito que a narração do Gênesis, que convida a "dominar" a terra (cf. Gn 1,28), favoreceria a exploração selvagem da natureza, apresentando uma imagem do ser humano como dominador e devastador. Mas esta não é uma interpretação correta da Bíblia, como a entende a Igreja. Se é verdade que nós, cristãos, algumas vezes interpretamos de forma incorreta as Escrituras, hoje devemos decididamente rejeitar que, do fato de ser criados à imagem de Deus e do mandato de dominar a terra, se deduza um domínio absoluto sobre todas as criaturas. É importante ler os textos bíblicos no seu contexto, com uma justa hermenêutica, e lembrar que nos convidam a "cultivar e guardar" o jardim do mundo (cf. Gn 2,15).

---

[40] Cf. *Legenda Maior*, VIII, 1: *Fonti Francescane*, 1134.

Enquanto "cultivar" quer dizer lavrar ou trabalhar um terreno, "guardar" significa proteger, cuidar, preservar, velar. Isto implica uma relação de reciprocidade responsável entre o ser humano e a natureza. Cada comunidade pode tomar da bondade da terra aquilo de que necessita para a sua sobrevivência, mas tem também o dever de protegê-la e garantir a continuidade da sua fertilidade para as gerações futuras. Em última análise, "do Senhor é a terra" (Sl 24/23,1), a Ele pertence "a terra e tudo o que nela existe" (Dt 10,14). Por isso, Deus proíbe-nos toda a pretensão de posse absoluta: "As terras não se venderão a título definitivo, porque a terra é minha, e vós sois estrangeiros e meus agregados" (Lv 25,23).

68. Esta responsabilidade perante uma terra que é de Deus implica que o ser humano, dotado de inteligência, respeite as leis da natureza e os delicados equilíbrios entre os seres deste mundo, "porque ele mandou e foram criados. Firmou-os para sempre, eternamente, deu-lhes uma lei que jamais passará" (Sl 148,5b-6). Consequentemente, a legislação bíblica detém-se a propor ao ser humano várias normas relativas não só às outras pessoas, mas também aos restantes seres vivos: "Se vires o jumento ou o boi do teu irmão caídos no caminho, não te desviarás deles. Ajuda teu irmão a levantá-lo. [...] Se encontrares no caminho, sobre uma árvore ou na terra, um ninho de passarinho e a mãe junto dos filhotes ou chocando os ovos, não

apanhes a mãe com os filhotes" (Dt 22,4.6). Nesta linha, o descanso do sétimo dia não é proposto só para o ser humano, mas "para que descansem também o boi e o jumento" (Ex 23,12). Assim nos damos conta de que a Bíblia não dá lugar a um antropocentrismo despótico, que se desinteressa das outras criaturas.

69. Ao mesmo tempo que podemos fazer um uso responsável das coisas, somos chamados a reconhecer que os outros seres vivos têm um valor próprio diante de Deus e, "pelo simples fato de existirem, eles O bendizem e Lhe dão glória",[41] porque "alegre-se o Senhor com suas obras" (Sl 104/103,31). Precisamente pela sua dignidade única e por ser dotado de inteligência, o ser humano é chamado a respeitar a criação com as suas leis internas, já que "o Senhor alicerçou a terra com a Sabedoria" (Pr 3,19). Hoje, a Igreja não diz, de forma simplista, que as outras criaturas estão totalmente subordinadas ao bem do ser humano, como se não tivessem um valor em si mesmas e fosse possível dispor delas à nossa vontade; mas ensina – como fizeram os bispos da Alemanha – que, nas outras criaturas, "se poderia falar da prioridade do ser sobre o ser úteis".[42] O Catecismo questiona, de forma muito direta

---

[41] *Catecismo da Igreja Católica*, 2416.

[42] Conferência Episcopal Alemã, *Zukunft der Schöpfung – Zukunft der Menschheit. Erklärung der Deutschen Bischofskonferenz zu Fragen der Umwelt und der Energieversorgung* (1980), II, 2.

e insistente, um antropocentrismo desordenado: "Cada criatura possui a sua bondade e perfeição próprias. [...] As diferentes criaturas, queridas pelo seu próprio ser, refletem, cada qual a seu modo, uma centelha da sabedoria e da bondade infinitas de Deus. É por isso que o homem deve respeitar a bondade própria de cada criatura, para evitar o uso desordenado das coisas".[43]

70. Na narração de Caim e Abel, vemos que a inveja levou Caim a cometer a injustiça extrema contra o seu irmão. Isto, por sua vez, provocou uma ruptura da relação entre Caim e Deus e entre Caim e a terra, da qual foi exilado. Esta passagem aparece sintetizada no dramático colóquio de Deus com Caim. Deus pergunta: "Onde está teu irmão Abel?". Caim responde que não sabe, e Deus insiste com ele: "Que fizeste? Do solo está clamando por mim a voz do sangue do teu irmão! Agora serás amaldiçoado pelo próprio solo [...]. Tu virás a ser um fugitivo, vagueando sobre a terra" (Gn 4,9-12). O descuido no compromisso de cultivar e manter um correto relacionamento com o próximo, relativamente a quem sou devedor da minha solicitude e proteção, destrói o relacionamento interior comigo mesmo, com os outros, com Deus e com a terra. Quando todas estas relações são negligenciadas, quando a justiça deixa de habitar na terra, a Bíblia diz-nos que toda a

---

[43] *Catecismo da Igreja Católica*, 339.

vida está em perigo. Assim no-lo ensina a narração de Noé, quando Deus ameaça acabar com a humanidade pela sua persistente incapacidade de viver à altura das exigências da justiça e da paz: "Decidi pôr fim a toda a humanidade, pois por sua causa a terra está cheia de violência" (Gn 6,13). Nestas narrações tão antigas, ricas de profundo simbolismo, já estava contida a convicção atual de que tudo está inter-relacionado e o cuidado autêntico da nossa própria vida e das nossas relações com a natureza é inseparável da fraternidade, da justiça e da fidelidade aos outros.

71. Embora Deus reconhecesse "o quanto havia crescido a maldade das pessoas na terra" (Gn 6,5), "o Senhor arrependeu-se de ter feito o ser humano na terra" (Gn 6,6), Ele decidiu abrir um caminho de salvação através de Noé, que ainda se mantinha íntegro e justo. Assim deu à humanidade a possibilidade de um novo início. Basta um homem bom para haver esperança! A tradição bíblica estabelece claramente que esta reabilitação implica a redescoberta e o respeito dos ritmos inscritos na natureza pela mão do Criador. Isto está patente, por exemplo, na lei do *Shabbath*. No sétimo dia, Deus descansou de todas as suas obras. Deus ordenou a Israel que cada sétimo dia devia ser celebrado como um dia de descanso, um *Shabbath* (cf. Gn 2,2-3; Ex 16,23; 20,10). Além disso, de sete em sete anos, instaurou--se também um ano sabático para Israel e a sua terra

(cf. Lv 25,1-4), durante o qual se dava descanso completo à terra, não se semeava e só se colhia o indispensável para sobreviver e oferecer hospitalidade (cf. Lv 25,4-6). Por fim, passadas sete semanas de anos, ou seja, quarenta e nove anos, celebrava-se o jubileu, um ano de perdão universal, "em que proclamareis a libertação para todos os habitantes do país" (Lv 25,10). O desenvolvimento desta legislação procurou assegurar o equilíbrio e a equidade nas relações do ser humano com os outros e com a terra onde vivia e trabalhava. Mas, ao mesmo tempo, era um reconhecimento de que a dádiva da terra com os seus frutos pertence a todo o povo. Aqueles que cultivavam e guardavam o território deviam partilhar os seus frutos, especialmente com os pobres, as viúvas, os órfãos e os estrangeiros: "Quando fizerdes a colheita na vossa terra, não deveis ceifar até o último limite do campo, nem catar as espigas que restaram. Não colhas os últimos cachos de tua vinha, nem ajuntes as uvas caídas. Deixarás isso para o pobre e o estrangeiro" (Lv 19,9-10).

72. Os Salmos convidam, frequentemente, o ser humano a louvar a Deus criador: "Firmou a terra sobre as águas: pois eterno é seu amor" (Sl 136/135,6). E convidam também as outras criaturas a louvá-Lo: "Louvai-o, sol e lua; louvai-o vós todas, estrelas brilhantes. Louvai-o, céus dos céus, e vós, águas de cima dos céus. Louvem o nome do Senhor, porque Ele mandou e foram criados"

(Sl 148,3-5). Existimos não só pelo poder de Deus, mas também na sua presença e companhia. Por isso O adoramos.

73. Os escritos dos profetas convidam a recuperar forças, nos momentos difíceis, contemplando a Deus poderoso que criou o universo. O poder infinito de Deus não nos leva a escapar da sua ternura paterna, porque n'Ele se conjugam o carinho e a força. Na verdade, toda a sã espiritualidade implica simultaneamente acolher o amor divino e adorar, com confiança, o Senhor pelo seu poder infinito. Na Bíblia, o Deus que liberta e salva é o mesmo que criou o universo, e estes dois modos de agir divino estão íntima e inseparavelmente ligados: "Ah! Senhor Deus! Tu que fizeste o céu e a terra com grande poder e com a força do teu braço, para ti, nada é impossível. [...] Fizeste sair Israel, teu povo, da terra do Egito, com sinais e prodígios" (Jr 32,17.21). "O Senhor é o Deus eterno! Foi ele quem criou toda a extensão do mundo. Ele não corre nem se cansa, nem é possível pesquisar sua inteligência. É ele que dá ânimo ao cansado, recupera as forças do enfraquecido" (Is 40,28b-29).

74. A experiência do cativeiro em Babilônia gerou uma crise espiritual que levou a um aprofundamento da fé em Deus, explicitando a sua onipotência criadora, para animar o povo a recuperar a esperança no meio da sua situação infeliz. Séculos mais tarde, noutro momento de prova e perseguição, quando o Império Romano

procurou impor um domínio absoluto, os fiéis voltaram a encontrar consolação e esperança aumentando a sua confiança em Deus onipotente, e cantavam: "Grandes e admiráveis são as tuas obras, Senhor Deus, Todo-poderoso! Justos e verdadeiros são os teus caminhos!" (Ap 15,3). Se Deus pôde criar o universo a partir do nada, também pode intervir neste mundo e vencer qualquer forma de mal. Por isso, a injustiça não é invencível.

75. Não podemos defender uma espiritualidade que esqueça Deus todo-poderoso e criador. Neste caso, acabaríamos por adorar outros poderes do mundo, ou colocar-nos-íamos no lugar do Senhor chegando à pretensão de espezinhar sem limites a realidade criada por Ele. A melhor maneira de colocar o ser humano no seu lugar e acabar com a sua pretensão de ser dominador absoluto da terra, é voltar a propor a figura de um Pai criador e único dono do mundo; caso contrário, o ser humano tenderá sempre a querer impor à realidade as suas próprias leis e interesses.

3. O mistério do universo

76. Na tradição judaico-cristã, dizer "criação" é mais do que dizer natureza, porque tem a ver com um projeto do amor de Deus, onde cada criatura tem um valor e um significado. A natureza entende-se habitualmente como um sistema que se analisa, compreende e

gere, mas a criação só se pode conceber como um dom que vem das mãos abertas do Pai de todos, como uma realidade iluminada pelo amor que nos chama a uma comunhão universal.

77. "Pela palavra do Senhor foram feitos os céus" (Sl 33/32,6). Deste modo indica-se que o mundo procede, não do caos nem do acaso, mas de uma decisão, o que o exalta ainda mais. Há uma opção livre, expressa na palavra criadora. O universo não apareceu como resultado de uma onipotência arbitrária, de uma demonstração de força ou de um desejo de autoafirmação. A criação pertence à ordem do amor. O amor de Deus é a razão fundamental de toda a criação: "Sim, amas tudo o que existe e não desprezas nada do que fizeste; porque, se odiasses alguma coisa, não a terias criado" (Sb 11,24). Então cada criatura é objeto da ternura do Pai que lhe atribui um lugar no mundo. Até a vida efêmera do ser mais insignificante é objeto do seu amor e, naqueles poucos segundos de existência, Ele envolve-o com o seu carinho. Dizia São Basílio Magno que o Criador é também "a bondade sem cálculos",[44] e Dante Alighieri falava do "amor que move o sol e as

---

[44] *Hom. in Hexaemeron*, 1, 2, 10: PG 29, 9.

outras estrelas".[45] Por isso, das obras criadas pode-se subir "à sua amorosa misericórdia".[46]

78. Ao mesmo tempo, o pensamento judaico--cristão desmitificou a natureza. Sem deixar de admirá--la pelo seu esplendor e imensidão, já não lhe atribui um caráter divino. Deste modo, ressalta ainda mais o nosso compromisso para com ela. Um regresso à natureza não pode ser feito à custa da liberdade e da responsabilidade do ser humano, que é parte do mundo com o dever de cultivar as próprias capacidades para protegê-lo e desenvolver as suas potencialidades. Se reconhecermos o valor e a fragilidade da natureza e, ao mesmo tempo, as capacidades que o Criador nos deu, isto nos permite acabar hoje com o mito moderno do progresso material ilimitado. Um mundo frágil, com um ser humano a quem Deus confia o cuidado do mesmo, interpela a nossa inteligência para reconhecer como deveremos orientar, cultivar e limitar o nosso poder.

79. Neste universo, composto por sistemas abertos que entram em comunicação uns com os outros, podemos descobrir inumeráveis formas de relação e participação. Isto leva-nos também a pensar o todo como aberto à transcendência de Deus, dentro da qual

---

[45] *Divina Commedia. Paradiso*, Canto XXXIII, 145.

[46] Bento XVI, *Catequese* (9 de novembro de 2005), 3: *Insegnamenti* 1 (2005), 768; *L'Osservatore Romano* (ed. portuguesa de 12/11/2005), 24.

se desenvolve. A fé permite-nos interpretar o significado e a beleza misteriosa do que acontece. A liberdade humana pode prestar a sua contribuição inteligente para uma evolução positiva, como pode também acrescentar novos males, novas causas de sofrimento e verdadeiros atrasos. Isto dá lugar à apaixonante e dramática história humana, capaz de transformar-se num desabrochamento de libertação, engrandecimento, salvação e amor, ou, pelo contrário, num percurso de declínio e mútua destruição. Por isso a Igreja, com a sua ação, procura não só lembrar o dever de cuidar da natureza, mas também e "sobretudo proteger o homem da destruição de si mesmo".[47]

80. Apesar disso, Deus, que deseja atuar conosco e contar com a nossa cooperação, é capaz também de tirar algo de bom dos males que praticamos, porque "o Espírito Santo possui uma inventiva infinita, própria da mente divina, que sabe prover a desfazer os nós das vicissitudes humanas mais complexas e impenetráveis".[48] De certa maneira, quis limitar-Se a Si mesmo, criando um mundo necessitado de desenvolvimento, onde muitas coisas que consideramos males, perigos ou fontes de sofrimento, na realidade fazem

---

[47] Id., Carta enc. *Caritas in Veritate* (29 de junho de 2009), 51: *AAS* 101 (2009), 687.

[48] João Paulo II, *Catequese* (24 de abril de 1991), 6: *Insegnamenti* 14/1 (1991), 856; *L'Osservatore Romano* (ed. portuguesa de 28/4/1991), 12.

parte das dores de parto que nos estimulam a colaborar com o Criador.[49] Ele está presente no mais íntimo de cada coisa sem condicionar a autonomia da sua criatura, e isto dá lugar também à legítima autonomia das realidades terrenas.[50] Esta presença divina, que garante a permanência e o desenvolvimento de cada ser, "é a continuação da ação criadora".[51] O Espírito de Deus encheu o universo de potencialidades que permitem que, do próprio seio das coisas, possa brotar sempre algo de novo: "A natureza nada mais é do que a razão de certa arte – concretamente a arte divina – inscrita nas coisas, pela qual as próprias coisas se movem para um fim determinado. Como se o mestre construtor de navios pudesse conceder à madeira a possibilidade de se mover a si mesma para tomar a forma da nave".[52]

81. Embora suponha também processos evolutivos, o ser humano implica uma novidade que não se explica cabalmente pela evolução de outros sistemas abertos. Cada um de nós tem em si uma identidade pessoal, capaz de entrar em diálogo com os outros e com o próprio Deus. A capacidade de reflexão, o raciocínio,

---

[49] O Catecismo ensina que Deus quis criar um mundo em caminho para a perfeição última, o que implica a presença da imperfeição e do mal físico: ver *Catecismo da Igreja Católica*, 310.

[50] Cf. Conc. Ecum. Vat. II, Const. past. sobre a Igreja no mundo contemporâneo *Gaudium et Spes*, 36.

[51] Tomás de Aquino, *Summa theologiae I*, q. 104, art. 1, ad 4.

[52] Id., *In octo libros Physicorum Aristotelis expositio*, lib. II, *lectio* 14.

a criatividade, a interpretação, a elaboração artística e outras capacidades originais manifestam uma singularidade que transcende o âmbito físico e biológico. A novidade qualitativa, implicada no aparecimento de um ser pessoal dentro do universo material, pressupõe uma ação direta de Deus, uma chamada peculiar à vida e à relação de um Tu com outro tu. A partir dos textos bíblicos, consideramos o ser humano como sujeito, que nunca pode ser reduzido à categoria de objeto.

82. Mas seria errado também pensar que os outros seres vivos devam ser considerados como meros objetos submetidos ao domínio arbitrário do ser humano. Quando se propõe uma visão da natureza unicamente como objeto de lucro e interesse, isso comporta graves consequências também para a sociedade. A visão que consolida o arbítrio do mais forte favoreceu imensas desigualdades, injustiças e violências para a maior parte da humanidade, porque os recursos tornam-se propriedade do primeiro que chega ou de quem tem mais poder: o vencedor leva tudo. O ideal de harmonia, justiça, fraternidade e paz que Jesus propõe situa-se nos opostos de tal modelo, como Ele mesmo Se expressou ao compará-lo com os poderes do seu tempo: "Sabeis que os chefes das nações as dominam e os grandes fazem sentir seu poder. Entre vós não deverá ser assim. Quem quiser ser o maior entre vós seja aquele que vos serve" (Mt 20,25-26).

83. A meta do caminho do universo situa-se na plenitude de Deus, que já foi alcançada por Cristo ressuscitado, fulcro da maturação universal.[53] E assim juntamos mais um argumento para rejeitar todo e qualquer domínio despótico e irresponsável do ser humano sobre as outras criaturas. O fim último das restantes criaturas não somos nós. Mas todas avançam, juntamente conosco e através de nós, para a meta comum, que é Deus, em uma plenitude transcendente onde Cristo ressuscitado tudo abraça e ilumina. Com efeito, o ser humano, dotado de inteligência e amor e atraído pela plenitude de Cristo, é chamado a reconduzir todas as criaturas ao seu Criador.

4. A mensagem de cada criatura na harmonia de toda a criação

84. O fato de insistir na afirmação de que o ser humano é imagem de Deus não deveria fazer-nos esquecer de que cada criatura tem uma função e nenhuma é supérflua. Todo o universo material é uma linguagem do amor de Deus, do seu carinho sem medida por nós.

---

[53] Coloca-se, nesta perspectiva, a contribuição do Pe. Teilhard de Chardin; veja-se Paulo VI, *Discurso em uma fábrica químico-farmacêutica* (24 de fevereiro de 1966): *Insegnamenti* 4 (1966), 992-993; João Paulo II, *Carta ao reverendo P. George V. Coyne* (1 de junho de 1988): *Insegnamenti* 11/2 (1988), 1715; Bento XVI, *Homilia na Celebração das Vésperas*, em Aosta (24 de julho de 2009): *Insegnamenti* 5/2 (2009), 60.

O solo, a água, as montanhas: tudo é carícia de Deus. A história da própria amizade com Deus desenrola-se sempre em um espaço geográfico que se torna um sinal muito pessoal, e cada um de nós guarda na memória lugares cuja lembrança nos faz muito bem. Quem cresceu no meio de montes, quem na infância se sentava junto do riacho a beber, ou quem jogava em uma praça do seu bairro, quando volta a esses lugares sente-se chamado a recuperar a sua própria identidade.

85. Deus escreveu um livro estupendo, "cujas letras são representadas pela multidão de criaturas presentes no universo".[54] E justamente afirmaram os bispos do Canadá que nenhuma criatura fica fora desta manifestação de Deus: "Desde os panoramas mais amplos às formas de vida mais frágeis, a natureza é um manancial incessante de encanto e reverência. Trata-se de uma contínua revelação do divino".[55] Os bispos do Japão, por sua vez, disseram algo muito sugestivo: "Sentir cada criatura que canta o hino da sua existência é viver jubilosamente no amor de Deus e na esperança".[56] Esta contemplação da criação permite-

---

[54] João Paulo II, *Catequese* (30 de janeiro de 2002), 6: *Insegnamenti* 25/1 (2002), 140; *L'Osservatore Romano* (ed. portuguesa de 2/2/2002), 12.

[55] Conferência Episcopal do Canadá - Comissão Para a Pastoral Social, *You love all that exists... All things are yours, God, Lover of Life* (4 de outubro de 2003), 1.

[56] Conferência dos Bispos Católicos do Japão, *Reverence for Life. A Message for the Twenty-First Century* (1 de janeiro de 2001), 89.

-nos descobrir qualquer ensinamento que Deus nos quer transmitir através de cada coisa, porque, "para o crente, contemplar a criação significa também escutar uma mensagem, ouvir uma voz paradoxal e silenciosa".[57] Podemos afirmar que, "ao lado da revelação propriamente dita, contida nas Sagradas Escrituras, há uma manifestação divina no despontar do sol e no cair da noite".[58] Prestando atenção a esta manifestação, o ser humano aprende a reconhecer-se a si mesmo na relação com as outras criaturas: "Eu me expresso exprimindo o mundo; exploro a minha sacralidade decifrando a do mundo".[59]

86. O conjunto do universo, com as suas múltiplas relações, mostra melhor a riqueza inesgotável de Deus. Santo Tomás de Aquino sublinhava, sabiamente, que a multiplicidade e a variedade " provêm da intenção do primeiro agente", o qual quis que "o que falta a cada coisa, para representar a bondade divina, seja suprido pelas outras",[60] pois a sua bondade "não pode ser convenientemente representada por uma só criatura".[61]

---

[57] João Paulo II, *Catequese* (26 de janeiro de 2000), 5: *Insegnamenti* 23/1 (2000), 123; *L'Osservatore Romano* (ed. portuguesa de 29/1/2000), 8.

[58] Id., *Catequese* (2 de agosto de 2000), 3: *Insegnamenti* 23/2 (2000), 112; *L'Osservatore Romano* (ed. portuguesa de 5/8/2000), 8.

[59] Paul Ricoeur, *Philosophie de la volonté*. 2a parte: *Finitude et culpabilité* (Paris, 2009), 216.

[60] *Summa theologiae I*, q. 47, art. 1.

[61] Ibidem.

Por isso, precisamos individuar a variedade das coisas nas suas múltiplas relações.[62]

Assim, compreende-se melhor a importância e o significado de qualquer criatura, se a contemplarmos no conjunto do plano de Deus. Tal é o ensinamento do *Catecismo*: "A interdependência das criaturas é querida por Deus. O sol e a lua, o cedro e a florzinha, a águia e o pardal: o espetáculo das suas incontáveis diversidades e desigualdades significa que nenhuma criatura basta a si mesma. Elas só existem na dependência umas das outras, para se completarem mutuamente no serviço umas das outras".[63]

87. Quando nos damos conta do reflexo de Deus em tudo o que existe, o coração experimenta o desejo de adorar o Senhor por todas as suas criaturas e juntamente com elas, como se vê neste gracioso cântico de São Francisco de Assis:

"Louvado sejas, meu Senhor,
com todas as tuas criaturas,
especialmente o senhor irmão Sol,
que clareia o dia
e com sua luz nos alumia.
E ele é belo e radiante
com grande esplendor:

---

[62] Cf. ibid., art. 2, ad. 1; art. 3.

[63] *Catecismo da Igreja Católica*, 340.

de Ti, Altíssimo, é a imagem.
Louvado sejas, meu Senhor,
pela irmã Lua e pelas Estrelas,
que no céu formaste claras
e preciosas e belas.
Louvado sejas, meu Senhor,
pelo irmão Vento,
pelo ar, ou nublado
ou sereno, e todo o tempo,
pelo qual às tuas criaturas dás sustento.
Louvado sejas, meu Senhor,
pela irmã Água,
que é mui útil e humilde
e preciosa e casta.
Louvado sejas, meu Senhor,
pelo irmão Fogo
pelo qual iluminas a noite.
E ele é belo e jucundo,
e vigoroso e forte".[64]

88. Os bispos do Brasil sublinharam que toda a natureza, além de manifestar Deus, é lugar da sua presença. Em cada criatura, habita o seu Espírito vivificante, que nos chama a um relacionamento com Ele.[65] A descober-

---

[64] *O Cântico do irmão Sol*: São Francisco de Assis. Escritos e biografias de São Francisco de Assis, Petrópolis: Vozes, 1991, p. 70-71.

[65] Cf. Conferência Nacional dos Bispos do Brasil, *A Igreja e a questão ecológica* (1992), 53-54.

ta desta presença estimula em nós o desenvolvimento das "virtudes ecológicas".[66] Mas, quando dizemos isto, não esqueçamos que há também uma distância infinita, pois as coisas deste mundo não possuem a plenitude de Deus. Esquecê-lo, aliás, também não faria bem às criaturas, porque não reconheceríamos o seu lugar verdadeiro e próprio, acabando por lhes exigir indevidamente aquilo que, na sua pequenez, não nos podem dar.

5. Uma comunhão universal

89. As criaturas deste mundo não podem ser consideradas um bem sem dono: "Tudo é teu, Senhor, amigo da vida!" (Sb 11,26). Isto gera a convicção de que nós e todos os seres do universo, sendo criados pelo mesmo Pai, estamos unidos por laços invisíveis e formamos uma espécie de família universal, uma comunhão sublime que nos impele a um respeito sagrado, amoroso e humilde. Quero lembrar que "Deus uniu-nos tão estreitamente ao mundo que nos rodeia, que a desertificação do solo é como uma doença para cada um, e podemos lamentar a extinção de uma espécie como se fosse uma mutilação".[67]

---

[66] Ibid., 61.

[67] Francisco, Exort. ap. *Evangelii Gaudium* (24 de novembro de 2013), 215: *AAS* 105 (2013), 1109.

90. Isto não significa igualar todos os seres vivos e tirar do ser humano aquele seu valor peculiar que, simultaneamente, implica uma tremenda responsabilidade. Também não requer uma divinização da terra, que nos privaria da nossa vocação de colaborar com ela e proteger a sua fragilidade. Estas concepções acabariam por criar novos desequilíbrios, na tentativa de fugir da realidade que nos interpela.[68] Às vezes nota-se a obsessão de negar qualquer preeminência à pessoa humana, conduzindo-se uma luta em prol das outras espécies que não se vê na hora de defender igual dignidade entre os seres humanos. Devemos, certamente, ter a preocupação de que os outros seres vivos não sejam tratados de forma irresponsável, mas deveriam indignar-nos, sobretudo, as enormes desigualdades que existem entre nós, porque continuamos a tolerar que alguns se considerem mais dignos do que outros. Deixamos de notar que alguns se arrastam em uma miséria degradante, sem possibilidades reais de melhoria, enquanto outros não sabem sequer o que fazer com o que têm, ostentam vaidosamente uma suposta superioridade e deixam atrás de si um nível de desperdício tal que seria impossível generalizar sem destruir o planeta. Na prática, continuamos a admitir

---

[68] Cf. Bento XVI, Carta enc. *Caritas in Veritate* (29 de junho de 2009), 14: *AAS* 101 (2009), 650.

que alguns se sintam mais humanos que outros, como se tivessem nascido com maiores direitos.

91. Não pode ser autêntico um sentimento de união íntima com os outros seres da natureza, se ao mesmo tempo não houver no coração ternura, compaixão e preocupação pelos seres humanos. É evidente a incoerência de quem luta contra o tráfico de animais em risco de extinção, mas fica completamente indiferente perante o tráfico de pessoas, desinteressa-se dos pobres ou procura destruir outro ser humano de que não gosta. Isto compromete o sentido da luta pelo meio ambiente. Não é por acaso que São Francisco, no cântico onde louva a Deus pelas criaturas, acrescenta o seguinte: "Louvado sejas, meu Senhor, pelos que perdoam por teu amor". Tudo está interligado. Por isso, exige-se uma preocupação pelo meio ambiente, unida ao amor sincero pelos seres humanos e a um compromisso constante com os problemas da sociedade.

92. Além disso, quando o coração está verdadeiramente aberto a uma comunhão universal, nada e ninguém fica excluído desta fraternidade. Portanto, é verdade também que a indiferença ou a crueldade com as outras criaturas deste mundo sempre acabam de alguma forma por repercutir no tratamento que reservamos aos outros seres humanos. O coração é um só, e a própria miséria que leva a maltratar um animal não tarda a manifestar-se na relação com as outras pessoas.

Toda crueldade contra qualquer criatura "é contrária à dignidade humana".[69] Não podemos considerar-nos grandes amantes da realidade, se excluímos dos nossos interesses alguma parte dela: "Paz, justiça e conservação da criação são três questões absolutamente ligadas, que não se poderão separar, tratando-as individualmente sob pena de cair novamente no reducionismo".[70] Tudo está relacionado, e todos nós, seres humanos, caminhamos juntos como irmãos e irmãs em uma peregrinação maravilhosa, entrelaçados pelo amor que Deus tem a cada uma das suas criaturas e que nos une também, com terna afeição, ao irmão sol, à irmã lua, ao irmão rio e à mãe terra.

6. O destino comum dos bens

93. Hoje, crentes e não crentes estão de acordo que a terra é, essencialmente, uma herança comum, cujos frutos devem beneficiar a todos. Para os crentes, isto se torna uma questão de fidelidade ao Criador, porque Deus criou o mundo para todos. Por conseguinte, toda a abordagem ecológica deve integrar uma perspectiva social que tenha em conta os direitos fundamentais dos mais desfavorecidos. O princípio da subordinação

---

[69] *Catecismo da Igreja Católica*, 2418.

[70] Conferência do Episcopado Dominicano, Carta pastoral *Sobre la relación del hombre con la naturaleza* (21 de janeiro de 1987).

da propriedade privada ao destino universal dos bens e, consequentemente, o direito universal ao seu uso é uma "regra de ouro" do comportamento social e o "primeiro princípio de toda a ordem ético-social".[71] A tradição cristã nunca reconheceu como absoluto ou intocável o direito à propriedade privada, e salientou a função social de qualquer forma de propriedade privada. São João Paulo II lembrou esta doutrina, com grande ênfase, dizendo que "Deus deu a terra a todo o gênero humano, para que ela sustente todos os seus membros, sem excluir nem privilegiar ninguém".[72] São palavras densas e fortes. Insistiu que "não seria verdadeiramente digno do homem, um tipo de desenvolvimento que não respeitasse e promovesse os direitos humanos, pessoais e sociais, econômicos e políticos, incluindo os direitos das nações e dos povos".[73] Com grande clareza, explicou que "a Igreja defende, sim, o legítimo direito à propriedade privada, mas ensina, com não menor clareza, que sobre toda a propriedade particular pesa sempre uma hipoteca social, para que os bens sirvam ao destino geral que Deus lhes deu".[74] Por isso, afirma

---

[71] João Paulo II, Carta enc. *Laborem Exercens* (14 de setembro de 1981), 19: AAS 73 (1981), 626.

[72] Carta enc. *Centesimus Annus* (1 de maio de 1991), 31: AAS 83 (1991), 831.

[73] Carta enc. *Sollicitudo rei Socialis* (30 de dezembro de 1987), 33: AAS 80 (1988), 557.

[74] *Discurso aos indígenas e agricultores do México*, em Cuilapán (29 de janeiro de 1979), 6: *AAS* 71 (1979), 209; *L'Osservatore Romano* (ed. portuguesa de 11/2/1979), 4.

que "não é segundo o desígnio de Deus gerir este dom de modo tal que os seus benefícios aproveitem só a alguns poucos".[75] Isto põe seriamente em discussão os hábitos injustos de uma parte da humanidade.[76]

94. O rico e o pobre têm igual dignidade, porque "a ambos, o Senhor é quem os fez" (Pr 22,2); "o pequeno e o grande, foi ele quem os fez" (Sb 6,7) e "faz nascer o seu sol sobre maus e bons" (Mt 5,45). Isto tem consequências práticas, como explicitaram os bispos do Paraguai: "Cada camponês tem direito natural de possuir um lote razoável de terra, onde possa estabelecer o seu lar, trabalhar para a subsistência da sua família e gozar de segurança existencial. Este direito deve ser de tal forma garantido, que o seu exercício não seja ilusório, mas real. Isto significa que, além do título de propriedade, o camponês deve contar com meios de formação técnica, empréstimos, seguros e acesso ao mercado".[77]

95. O meio ambiente é um bem coletivo, patrimônio de toda a humanidade e responsabilidade de todos. Quem possui uma parte é apenas para

---

[75] *Homilia na Missa celebrada para os agricultores*, em Recife/Brasil (7 de julho de 1980), 4: *AAS* 72 (1980), 926; *L'Osservatore Romano* (ed. portuguesa de 20/7/1980), 13.

[76] Cf. *Mensagem para o Dia Mundial da Paz de 1990*, 8: *AAS* 82 (1990), 152.

[77] Conferência Episcopal do Paraguai, Carta pastoral *El campesino paraguayo y la tierra* (12 de junho de 1983), 2, 4, d.

administrá-la em benefício de todos. Se não o fizermos, carregamos na consciência o peso de negar a existência aos outros. Por isso, os bispos da Nova Zelândia perguntavam-se que significado pode ter o mandamento "não matarás", quando "uns vinte por cento da população mundial consomem recursos em uma medida tal que roubam às nações pobres, e às gerações futuras, aquilo de que necessitam para sobreviver".[78]

7. O olhar de Jesus

96. Jesus retoma a fé bíblica no Deus criador e destaca um dado fundamental: Deus é Pai (cf. Mt 11,25). Em colóquio com os seus discípulos, Jesus convidava-os a reconhecer a relação paterna que Deus tem com todas as criaturas e recordava-lhes, com comovente ternura, como cada uma delas era importante aos olhos d'Ele: "Não se vendem cinco pardais por duas moedinhas? No entanto, nenhum deles é esquecido por Deus" (Lc 12,6). "Olhai os pássaros do céu: não semeiam, não colhem, nem guardam em celeiros. No entanto, o vosso Pai celeste os alimenta" (Mt 6,26).

---

[78] Conferência Episcopal da Nova Zelândia, *Statement on Environmental Issues* (1 de setembro de 2006).

97. O Senhor podia convidar os outros a estar atentos à beleza que existe no mundo, porque Ele próprio vivia em contato permanente com a natureza e prestava-lhe uma atenção cheia de carinho e admiração. Quando percorria os quatro cantos da sua terra, detinha-Se a contemplar a beleza semeada por seu Pai e convidava os discípulos a perceberem, nas coisas, uma mensagem divina: "Ainda quatro meses, e aí vem a colheita!" (Jo 4,35). "O Reino dos Céus é como um grão de mostarda que alguém pegou e semeou no seu campo. Embora seja a menor de todas as sementes, quando cresce, fica maior que as outras hortaliças e torna-se um arbusto" (Mt 13,31-32).

98. Jesus vivia em plena harmonia com a criação, despertando admiração nos outros: "Quem é este, que até os ventos e o mar lhe obedecem?" (Mt 8,27). Não Se apresentava como um asceta separado do mundo ou inimigo das coisas aprazíveis da vida. Falando de Si mesmo, declarou: "Veio o Filho do Homem que come e bebe, e dizem: 'É um comilão e beberrão'" (Mt 11,19). Encontrava-se longe das filosofias que desprezavam o corpo, a matéria e as realidades deste mundo. Todavia, ao longo da história, estes dualismos combalidos tiveram notável influência em alguns pensadores cristãos e desfiguraram o Evangelho. Jesus trabalhava com suas mãos, entrando diariamente em contato com matéria criada por Deus para a moldar

com a sua capacidade de artesão. É digno de nota que a maior parte da sua existência terrena tenha sido consagrada a esta tarefa, levando uma vida simples que não despertava admiração alguma: "Não é ele o carpinteiro, o filho de Maria?" (Mc 6,3). Assim santificou o trabalho, atribuindo-lhe um valor peculiar para o nosso amadurecimento. São João Paulo II ensinava que, "suportando o que há de penoso no trabalho em união com Cristo crucificado por nós, o homem colabora, de alguma forma, com o Filho de Deus na redenção da humanidade".[79]

99. Segundo a compreensão cristã da realidade, o destino da criação inteira passa pelo mistério de Cristo, que nela está presente desde a origem: "Tudo foi criado por ele e para ele" (Cl 1,16).[80] O prólogo do Evangelho de João (1,1-18) mostra a atividade criadora de Cristo como Palavra divina (*Logos*). Mas o mesmo prólogo surpreende ao afirmar que esta Palavra "se fez carne" (Jo 1,14). Uma Pessoa da Santíssima Trindade inseriu-se no universo criado, partilhando a própria sorte com ele até à cruz. Desde o início do mundo, mas de modo peculiar a partir da encarnação, o mistério de Cristo opera veladamente no conjunto da realidade natural, sem com isso afetar a sua autonomia.

---

[79] Carta enc. *Laborem Exercens* (14 de setembro de 1981), 27: *AAS* 73 (1981), 645.

[80] Por isso, São Justino podia falar de "sementes do Verbo" no mundo. Cf. *II Apologia* 8, 1-2; 13, 3-6: PG 6, 457-458; 467.

100. O Novo Testamento não nos fala só de Jesus terreno e da sua relação tão concreta e amorosa com o mundo; no-Lo mostra também como ressuscitado e glorioso, presente em toda a criação com o seu domínio universal. "Pois Deus quis fazer habitar nele toda a plenitude e, por ele, reconciliar consigo todos os seres, tanto na terra como no céu" (Cl 1,19-20). Isto nos lança para o fim dos tempos, quando o Filho entregar ao Pai todas as coisas "para que Deus seja tudo em todos" (1Cor 15,28). Assim, as criaturas deste mundo já não nos aparecem como uma realidade meramente natural, porque o Ressuscitado as envolve misteriosamente e guia para um destino de plenitude. As próprias flores do campo e as aves que Ele, admirado, contemplou com os seus olhos humanos, agora estão cheias da sua presença luminosa.

Capítulo III

A RAIZ HUMANA DA CRISE ECOLÓGICA

101. Para nada serviria descrever os sintomas, se não reconhecêssemos a raiz humana da crise ecológica. Há um modo desordenado de conceber a vida e a ação do ser humano, que contradiz a realidade até ao ponto de arruiná-la. Não poderemos deter-nos a pensar nisto? Proponho, pois, que nos concentremos no paradigma tecnocrático dominante e no lugar que ocupa nele o ser humano e a sua ação no mundo.

1. A tecnologia: criatividade e poder

102. A humanidade entrou em uma nova era em que o poder da tecnologia nos põe diante de uma encruzilhada. Somos herdeiros de dois séculos de ondas enormes de mudanças: a máquina a vapor, a ferrovia, o telégrafo, a eletricidade, o automóvel, o avião, as indústrias químicas, a medicina moderna, a informática e, mais recentemente, a revolução digital, a robótica, as biotecnologias e as nanotecnologias. É justo que nos alegremos com estes progressos e nos entusiasmemos

à vista das amplas possibilidades que nos abrem estas novidades incessantes, porque "a ciência e a tecnologia são um produto estupendo da criatividade humana que Deus nos deu".[81] A transformação da natureza para fins úteis é uma característica do gênero humano, desde os seus primórdios; e assim a técnica "exprime a tensão do ânimo humano para uma gradual superação de certos condicionamentos materiais".[82] A tecnologia deu remédio a inúmeros males, que afligiam e limitavam o ser humano. Não podemos deixar de apreciar e agradecer os progressos alcançados especialmente na medicina, engenharia e comunicações. Como não havemos de reconhecer todos os esforços de tantos cientistas e técnicos que elaboraram alternativas para um desenvolvimento sustentável?

103. A tecnociência, bem orientada, pode produzir coisas realmente valiosas para melhorar a qualidade de vida do ser humano, desde os objetos de uso doméstico até aos grandes meios de transporte, pontes, edifícios, espaços públicos. É também capaz de produzir coisas belas e fazer o ser humano, imerso no mundo material, dar o "salto" para o âmbito da

---

[81] João Paulo II, *Discurso aos representantes da ciência, da cultura e dos estudos superiores na Universidade das Nações Unidas*, em Hiroxima (25 de fevereiro de 1981), 3: *AAS* 73 (1981), 422.

[82] Bento XVI, Carta enc. *Caritas in Veritate* (29 de junho de 2009), 69: *AAS* 101 (2009), 702.

beleza. Poder-se-á negar a beleza de um avião ou de alguns arranha-céus? Há obras pictóricas e musicais de valor, obtidas com o recurso aos novos instrumentos técnicos. Assim, no desejo de beleza do artífice e em quem contempla esta beleza dá-se o salto para certa plenitude propriamente humana.

104. Não podemos, porém, ignorar que a energia nuclear, a biotecnologia, a informática, o conhecimento do nosso próprio DNA e outras potencialidades que adquirimos, nos dão um poder tremendo. Ou melhor: dão, àqueles que detêm o conhecimento e, sobretudo, o poder econômico para desfrutá-lo, um domínio impressionante sobre o conjunto do gênero humano e do mundo inteiro. Nunca a humanidade teve tanto poder sobre si mesma, e nada garante que o utilizará bem, sobretudo se se considera a maneira como o está fazendo. Basta lembrar as bombas atômicas lançadas em pleno século XX, bem como a grande exibição de tecnologia ostentada pelo nazismo, o comunismo e outros regimes totalitários e que serviu para o extermínio de milhões de pessoas, sem esquecer que hoje a guerra dispõe de instrumentos cada vez mais mortíferos. Nas mãos de quem está e pode chegar a estar tanto poder? É tremendamente arriscado que resida em uma pequena parte da humanidade.

105. Tende-se a crer que "toda a aquisição de poder seja simplesmente progresso, aumento de segurança,

de utilidade, de bem-estar, de força vital, de plenitude de valores",[83] como se a realidade, o bem e a verdade desabrochassem espontaneamente do próprio poder da tecnologia e da economia. A verdade é que "o homem moderno não foi educado para o reto uso do poder",[84] porque o imenso crescimento tecnológico não foi acompanhado por um desenvolvimento do ser humano quanto à responsabilidade, aos valores, à consciência. Cada época tende a desenvolver uma reduzida autoconsciência dos próprios limites. Por isso, é possível que hoje a humanidade não se dê conta da seriedade dos desafios que se lhe apresentam, e "cresce continuamente a possibilidade de o homem fazer mau uso do seu poder" quando "não existem normas de liberdade, mas apenas pretensas necessidades de utilidade e segurança".[85] O ser humano não é plenamente autônomo. A sua liberdade adoece quando se entrega às forças cegas do inconsciente, das necessidades imediatas, do egoísmo, da violência brutal. Neste sentido, ele está nu e exposto frente ao seu próprio poder que continua a crescer, sem ter os instrumentos para controlá-lo. Talvez disponha de mecanismos superficiais, mas podemos afirmar que carece de uma ética sólida, uma cultura

---

[83] Romano Guardini, *Das Ende derNeuzeit* (Würzburg ⁹1965), 87.

[84] Ibidem.

[85] Ibid., 87-88.

e uma espiritualidade que lhe ponham realmente um limite e o contenham dentro de um lúcido domínio de si.

2. A globalização do paradigma tecnocrático

106. Mas o problema fundamental é outro e ainda mais profundo: o modo como realmente a humanidade assumiu a tecnologia e o seu desenvolvimento, juntamente com um paradigma homogêneo e unidimensional. Neste paradigma, sobressai uma concepção do sujeito que progressivamente, no processo lógico-racional, compreende e assim se apropria do objeto que se encontra fora dele. Tal sujeito desenvolve-se ao estabelecer o método científico com a sua experimentação, que já é explicitamente uma técnica de posse, domínio e transformação. É como se o sujeito tivesse à sua frente a realidade informe totalmente disponível para a manipulação. Sempre se verificou a intervenção do ser humano sobre a natureza, mas durante muito tempo teve a característica de acompanhar, reforçar as possibilidades oferecidas pelas próprias coisas; tratava-se de receber o que a realidade natural por si permitia, como que estendendo a mão. Mas, agora, o que interessa é extrair o máximo possível das coisas por imposição da mão humana, que tende a ignorar ou esquecer a realidade própria do que tem à sua frente. Por isso, o ser humano e as coisas deixaram de se dar amigavelmente a mão, tornando-se controversas. Daqui

se passa facilmente à ideia de um crescimento infinito ou ilimitado, que tanto entusiasmou os economistas, os teóricos da economia e da tecnologia. Isto supõe a mentira da disponibilidade infinita dos bens do planeta, o que leva a "espremê-lo" até ao limite e para além do mesmo. Trata-se do falso pressuposto de que "existe uma quantidade ilimitada de energia e de recursos a serem utilizados, que a sua regeneração é possível de imediato e que os efeitos negativos das manipulações da ordem natural podem ser facilmente absorvidos".[86]

107. Assim podemos afirmar que, na origem de muitas dificuldades do mundo atual, está principalmente a tendência, nem sempre consciente, de elaborar a metodologia e os objetivos da tecnociência segundo um paradigma de compreensão que condiciona a vida das pessoas e o funcionamento da sociedade. Os efeitos da aplicação deste modelo a toda a realidade, humana e social, constatam-se na degradação do meio ambiente, mas isto é apenas um sinal do reducionismo que afeta a vida humana e a sociedade em todas as suas dimensões. É preciso reconhecer que os produtos da técnica não são neutros, porque criam uma trama que acaba por condicionar os estilos de vida e orientam as possibilidades sociais na linha dos interesses de determinados grupos de poder. Certas opções, que parecem puramente

---

[86] Pontifício Conselho "Justiça e Paz", *Compêndio da Doutrina Social da Igreja*, 462.

instrumentais, na realidade são opções sobre o tipo de vida social que se pretende desenvolver.

108. Não se consegue pensar que seja possível sustentar outro paradigma cultural e servir-se da técnica como mero instrumento, porque hoje o paradigma tecnocrático tornou-se tão dominante que é muito difícil prescindir dos seus recursos, e mais difícil ainda é utilizar os seus recursos sem ser dominados pela sua lógica. Tornou-se anticultural a escolha de um estilo de vida, cujos objetivos possam ser, pelo menos em parte, independentes da técnica, dos seus custos e do seu poder globalizante e massificador. Com efeito, a técnica tem a tendência de fazer com que nada fique fora da sua lógica férrea, e "o homem que é o seu protagonista sabe que, em última análise, não se trata de utilidade nem de bem-estar, mas de domínio; domínio no sentido extremo da palavra".[87] Por isso, "procura controlar os elementos da natureza e, conjuntamente, os da existência humana".[88] Reduzem-se assim a capacidade de decisão, a liberdade mais genuína e o espaço para a·criatividade alternativa dos indivíduos.

109. O paradigma tecnocrático tende a exercer o seu domínio também sobre a economia e a política. A economia assume todo o desenvolvimento tecnológico

---

[87] Romano Guardini, *Das Ende der Neuzeit* (Würzburg ⁹1965), 63-64.

[88] Ibid., 64.

em função do lucro, sem prestar atenção a eventuais consequências negativas para o ser humano. A financeirização sufoca a economia real. Não se aprendeu a lição da crise financeira mundial e, muito lentamente, se aprende a lição do deterioramento ambiental. Em alguns círculos, defende-se que a economia atual e a tecnologia resolverão todos os problemas ambientais, do mesmo modo que se afirma, com linguagens não acadêmicas, que os problemas da fome e da miséria no mundo serão resolvidos simplesmente com o crescimento do mercado. Não é uma questão de teorias econômicas, que hoje talvez já ninguém se atreva a defender, mas da sua instalação no desenvolvimento concreto da economia. Aqueles que não o afirmam em palavras defendem-no com os fatos, quando parece não preocupar-se com o justo nível da produção, uma melhor distribuição da riqueza, um cuidado responsável do meio ambiente ou os direitos das gerações futuras. Com os seus comportamentos, afirmam que é suficiente o objetivo da maximização dos ganhos. Mas o mercado, por si mesmo, não garante o desenvolvimento humano integral nem a inclusão social.[89] Entretanto temos um "superdesenvolvimento dissipador e consumista que contrasta, de modo inadmissível, com perduráveis

---

[89] Cf. Bento XVI, Carta enc. *Caritas in Veritate* (29 de junho de 2009), 35: *AAS* 101 (2009), 671.

situações de miséria desumanizadora",[90] mas não se criam, de forma suficientemente rápida, instituições econômicas e programas sociais que permitam aos mais pobres terem regularmente acesso aos recursos básicos. Não temos suficiente consciência de quais sejam as raízes mais profundas dos desequilíbrios atuais: estes têm a ver com a orientação, os fins, o sentido e o contexto social do crescimento tecnológico e econômico.

110. A especialização própria da tecnologia comporta grande dificuldade para se conseguir um olhar de conjunto. A fragmentação do saber realiza a sua função no momento de se obter aplicações concretas, mas frequentemente leva a perder o sentido da totalidade, das relações que existem entre as coisas, do horizonte alargado: um sentido que se torna irrelevante. Isto impede de individuar caminhos adequados para resolver os problemas mais complexos do mundo atual, sobretudo os do meio ambiente e dos pobres, que não se podem enfrentar a partir de uma única perspectiva nem de um único tipo de interesse. Uma ciência que pretenda oferecer soluções para os grandes problemas, deveria necessariamente ter em conta tudo o que o conhecimento gerou nas outras áreas do saber, incluindo a filosofia e a ética social. Mas este é atualmente um procedimento difícil de seguir. Por isso também não

---

[90] Ibid., 22: o.c., 657.

se consegue reconhecer verdadeiros horizontes éticos de referência. A vida passa a ser uma rendição às circunstâncias condicionadas pela técnica, entendida como o recurso principal para interpretar a existência. Na realidade concreta que nos interpela, aparecem vários sintomas que mostram o erro, tais como a degradação ambiental, a ansiedade, a perda do sentido da vida e da convivência social. Assim se demonstra uma vez mais que "a realidade é superior à ideia".[91]

111. A cultura ecológica não se pode reduzir a uma série de respostas urgentes e parciais para os problemas que vão surgindo à volta da degradação ambiental, do esgotamento das reservas naturais e da poluição. Deveria ser um olhar diferente, um pensamento, uma política, um programa educativo, um estilo de vida e uma espiritualidade que oponham resistência ao avanço do paradigma tecnocrático. Caso contrário, até as melhores iniciativas ecologistas podem acabar bloqueadas na mesma lógica globalizada. Buscar apenas um remédio técnico para cada problema ambiental que aparece, é isolar coisas que, na realidade, estão interligadas e esconder os problemas verdadeiros e mais profundos do sistema mundial.

---

[91] Papa Francisco, Exort. ap. *Evangelii Gaudium* (24 de novembro de 2013), 231: *AAS* 105 (2013), 1114.

112. Todavia, é possível voltar a ampliar o olhar, e a liberdade humana é capaz de limitar a técnica, orientá-la e colocá-la ao serviço de outro tipo de progresso, mais saudável, mais humano, mais social, mais integral. De fato verifica-se a libertação do paradigma tecnocrático em algumas ocasiões. Por exemplo, quando comunidades de pequenos produtores optam por sistemas de produção menos poluentes, defendendo um modelo não consumista de vida, alegria e convivência. Ou quando a técnica tem em vista prioritariamente resolver os problemas concretos dos outros, com o compromisso de ajudá-los a viver com mais dignidade e menos sofrimento. E ainda quando a busca criadora do belo e a sua contemplação conseguem superar o poder objetivador em uma espécie de salvação que acontece na beleza e na pessoa que a contempla. A humanidade autêntica, que convida a uma nova síntese, parece habitar no meio da civilização tecnológica de forma quase imperceptível, como a neblina que filtra por baixo da porta fechada. Será uma promessa permanente que, apesar de tudo, desabrocha como uma obstinada resistência daquilo que é autêntico?

113. Além disso, as pessoas parecem já não acreditar num futuro feliz nem confiam cegamente num amanhã melhor a partir das condições atuais do mundo e das capacidades técnicas. Tomam consciência de que o progresso da ciência e da técnica não

equivale ao progresso da humanidade e da história, e vislumbram que os caminhos fundamentais para um futuro feliz são outros. Apesar disso, também não se imaginam renunciando às possibilidades que oferece a tecnologia. A humanidade mudou profundamente, e o avolumar-se de constantes novidades consagra uma fugacidade que nos arrasta à superfície em uma única direção. Torna-se difícil parar para recuperarmos a profundidade da vida. Se a arquitetura reflete o espírito de uma época, as megaestruturas e as casas em série expressam o espírito da técnica globalizada, onde a permanente novidade dos produtos se une a um tédio enfadonho. Não nos resignemos a isto nem renunciemos a perguntar-nos pelos fins e o sentido de tudo. Caso contrário, apenas legitimaremos o estado de fato e precisaremos de mais sucedâneos para suportar o vazio.

114. O que está acontecendo põe-nos perante a urgência de avançar em uma corajosa revolução cultural. A ciência e a tecnologia não são neutras, mas podem, desde o início até ao fim de um processo, envolver diferentes intenções e possibilidades que se podem configurar de várias maneiras. Ninguém quer o regresso à Idade da Pedra, mas é indispensável abrandar a marcha para olhar a realidade de outra forma, recolher os avanços positivos e sustentáveis e ao mesmo tempo

recuperar os valores e os grandes objetivos arrasados por um desenfreamento megalômano.

3. Crise do antropocentrismo moderno e suas consequências

115. O antropocentrismo moderno acabou, paradoxalmente, por colocar a razão técnica acima da realidade, porque este ser humano "já não sente a natureza como norma válida nem como um refúgio vivente. Sem se pôr qualquer hipótese, vê-a, objetivamente, como espaço e matéria onde realizar uma obra em que se imerge completamente, sem se importar com o que possa suceder a ela".[92] Assim se debilita o valor intrínseco do mundo. Mas, se o ser humano não redescobre o seu verdadeiro lugar, compreende-se mal a si mesmo e acaba por contradizer a sua própria realidade. "Não só a terra foi dada por Deus ao homem, que a deve usar respeitando a intenção originária de bem, segundo a qual lhe foi entregue; mas o homem é doado a si mesmo por Deus, devendo por isso respeitar a estrutura natural e moral de que foi dotado".[93]

116. Nos tempos modernos, verificou-se um notável excesso antropocêntrico, que hoje, com outra

---

[92] Romano Guardini, *Das Ende der Neuzeit* (Würzburg [9]1965), 63.

[93] João Paulo II, Carta enc. *Centesimus Annus* (1 de maio de 1991), 38: *AAS* 83 (1991), 841.

roupagem, continua a minar toda a referência a algo de comum e qualquer tentativa de reforçar os laços sociais. Por isso, chegou a hora de prestar novamente atenção à realidade com os limites que a mesma impõe e que, por sua vez, constituem a possibilidade de um desenvolvimento humano e social mais saudável e fecundo. Uma apresentação inadequada da antropologia cristã acabou por promover uma concepção errada da relação do ser humano com o mundo. Muitas vezes foi transmitido um sonho prometeico de domínio sobre o mundo, que provocou a impressão de que o cuidado da natureza fosse atividade de fracos. Mas a interpretação correta do conceito de ser humano como senhor do universo é entendê-lo no sentido de administrador responsável.[94]

117. A falta de preocupação por medir os danos à natureza e o impacto ambiental das decisões é apenas o reflexo evidente do desinteresse em reconhecer a mensagem que a natureza traz inscrita nas suas próprias estruturas. Quando, na própria realidade, não se reconhece a importância de um pobre, de um embrião humano, de uma pessoa com deficiência – só para dar alguns exemplos –, dificilmente se saberá escutar os gritos da própria natureza. Tudo está interligado. Se o ser humano se declara autônomo da realidade e se

---

[94] Cf. *Declaração Love for Creation. An Asian Response to the Ecological Crisis*: Colóquio promovido pela Federação das Conferências Episcopais da Ásia, Tagaytay (31 de janeiro a 5 de fevereiro de 1993), 3.3.2.

constitui dominador absoluto, desmorona-se a própria base da sua existência, porque "em vez de realizar o seu papel de colaborador de Deus na obra da criação, o homem substitui-se a Deus, e deste modo acaba por provocar a revolta da natureza".[95]

118. Esta situação leva-nos a uma esquizofrenia permanente, que se estende da exaltação tecnocrática, que não reconhece aos outros seres um valor próprio, até à reação de negar qualquer valor peculiar ao ser humano. Contudo, não se pode prescindir da humanidade. Não haverá uma nova relação com a natureza, sem um ser humano novo. Não há ecologia sem uma adequada antropologia. Quando a pessoa humana é considerada apenas mais um ser entre outros, que provém de jogos do acaso ou de um determinismo físico, "corre o risco de atenuar-se, nas consciências, a noção da responsabilidade".[96] Um antropocentrismo desordenado não deve necessariamente ser substituído por um "biocentrismo", porque isto implicaria introduzir um novo desequilíbrio que não só não resolverá os problemas existentes, mas acrescentará outros. Não se pode exigir do ser humano um compromisso para com o mundo, se ao mesmo tempo não se reconhecem e valorizam as

---

[95] João Paulo II, Carta enc. *Centesimus Annus* (1 de maio de 1991), 37: 83 (1991), 840.

[96] Bento XVI, *Mensagem para o Dia Mundial da Paz de 2010*, 2: *AAS* 102 (2010), 41.

suas peculiares capacidades de conhecimento, vontade, liberdade e responsabilidade.

119. A crítica do antropocentrismo desordenado não deveria deixar em segundo plano também o valor das relações entre as pessoas. Se a crise ecológica é uma expressão ou uma manifestação externa da crise ética, cultural e espiritual da modernidade, não podemos iludir-nos de sanar a nossa relação com a natureza e o meio ambiente, sem curar todas as relações humanas fundamentais. Quando o pensamento cristão reivindica, para o ser humano, um valor peculiar acima das outras criaturas, suscita a valorização de cada pessoa humana e, assim, estimula o reconhecimento do outro. A abertura a um "tu" capaz de conhecer, amar e dialogar continua a ser a grande nobreza da pessoa humana. Por isso, para uma relação adequada com o mundo criado, não é necessário diminuir a dimensão social do ser humano nem a sua dimensão transcendente, a sua abertura ao "Tu" divino. Com efeito, não se pode propor uma relação com o ambiente, prescindindo da relação com as outras pessoas e com Deus. Seria um individualismo romântico disfarçado de beleza ecológica e um confinamento asfixiante na imanência.

120. Uma vez que tudo está relacionado, também não é compatível a defesa da natureza com a justificação do aborto. Não parece viável um percurso educativo para acolher os seres frágeis que nos rodeiam e que, às

vezes, são molestos e inoportunos, quando não se dá proteção a um embrião humano ainda que a sua chegada seja causa de incômodos e dificuldades: "Se se perde a sensibilidade pessoal e social ao acolhimento de uma nova vida, definham também outras formas de acolhimento úteis à vida social".[97]

121. Espera-se ainda o desenvolvimento de uma nova síntese, que ultrapasse as falsas dialéticas dos últimos séculos. O próprio cristianismo, mantendo-se fiel à sua identidade e ao tesouro de verdade que recebeu de Jesus Cristo, não cessa de se repensar e reformular em diálogo com as novas situações históricas, deixando desabrochar assim a sua eterna novidade.[98]

O relativismo prático

122. Um antropocentrismo desordenado gera um estilo de vida desordenado. Na exortação apostólica *Evangelii Gaudium*, referi-me ao relativismo prático que caracteriza a nossa época e que é "ainda mais perigoso que o doutrinal".[99] Quando o ser humano se coloca no centro, acaba por dar prioridade absoluta

---

[97] Id., Carta enc. *Caritas in Veritate* (29 de junho de 2009), 28: *AAS* 101 (2009), 663.

[98] Cf. Vicente de Lerins, *Commonitorium primum*, cap. 23: PL 50, 668: "*Ut annis scilicet consolidetur, dilatetur tempore, sublimetur aetate* – Fortalece-se com o decorrer dos anos, desenvolve-se com o andar dos tempos, cresce através das idades".

[99] N. 80: *AAS* 105 (2013), 1053.

aos seus interesses contingentes, e tudo o mais se torna relativo. Por isso, não deveria surpreender que, juntamente com a onipresença do paradigma tecnocrático e a adoração do poder humano sem limites, se desenvolva nos indivíduos este relativismo no qual tudo o que não serve aos próprios interesses imediatos se torna irrelevante. Nisto há uma lógica que permite compreender como se alimentam mutuamente diferentes atitudes, que provocam ao mesmo tempo a degradação ambiental e a degradação social.

123. A cultura do relativismo é a mesma patologia que impele uma pessoa a aproveitar-se de outra e a tratá-la como mero objeto, obrigando-a a trabalhos forçados, ou reduzindo-a à escravidão por causa de uma dívida. É a mesma lógica que leva à exploração sexual das crianças, ou ao abandono dos idosos que não servem aos interesses próprios. É também a lógica interna daqueles que dizem: "Deixemos que as forças invisíveis do mercado regulem a economia, porque os seus efeitos sobre a sociedade e a natureza são danos inevitáveis". Se não há verdades objetivas nem princípios estáveis, fora da satisfação das aspirações próprias e das necessidades imediatas, que limites pode haver para o tráfico de seres humanos, a criminalidade organizada, o narcotráfico, o comércio de diamantes ensanguentados e de peles de animais em vias de extinção? Não é a mesma lógica relativista a que justifica a compra de órgãos dos

pobres com a finalidade de vendê-los ou utilizar para experimentação, ou o descarte de crianças porque não correspondem ao desejo de seus pais? É a mesma lógica do "usa e joga fora" que produz tantos resíduos, só pelo desejo desordenado de consumir mais do que realmente se tem necessidade. Portanto, não podemos pensar que os programas políticos ou a força da lei sejam suficientes para evitar os comportamentos que afetam o meio ambiente, porque, quando é a cultura que se corrompe deixando de reconhecer qualquer verdade objetiva ou quaisquer princípios universalmente válidos, as leis só se poderão entender como imposições arbitrárias e obstáculos a evitar.

A necessidade de defender o trabalho

124. Em qualquer abordagem de ecologia integral que não exclua o ser humano, é indispensável incluir o valor do trabalho, tão sabiamente desenvolvido por São João Paulo II na sua Encíclica *Laborem Excercens*. Recordemos que, segundo a narração bíblica da criação, Deus colocou o ser humano no jardim recém-criado (cf. Gn 2,15), não só para cuidar do existente (guardar), mas também para trabalhar nele a fim de que produzisse frutos (cultivar). Assim, os operários e os artesãos "fazem vigílias para concluir a obra" (Eclo 38,29). Na realidade, a intervenção humana que favorece o desenvolvimento prudente da criação é a forma mais adequada de cuidar dela, porque implica colocar-se como instrumento de

Deus para ajudar a fazer desabrochar as potencialidades que Ele mesmo inseriu nas coisas: "O Altíssimo faz sair da terra os medicamentos, e o homem sensato não os rejeita" (Eclo 38,4).

125. Se procurarmos pensar quais possam ser as relações adequadas do ser humano com o mundo que o rodeia, surge a necessidade de uma concepção correta do trabalho, porque, falando da relação do ser humano com as coisas, impõe-se-nos a questão relativa ao sentido e finalidade da ação humana sobre a realidade. Não falamos apenas do trabalho manual ou do trabalho da terra, mas de qualquer atividade que implique alguma transformação do existente, desde a elaboração de um balanço social até ao projeto de um progresso tecnológico. Qualquer forma de trabalho pressupõe uma concepção sobre a relação que o ser humano pode ou deve estabelecer com o outro diverso de si mesmo. A espiritualidade cristã, a par da admiração contemplativa das criaturas que encontramos em São Francisco de Assis, desenvolveu também uma rica e sadia compreensão do trabalho, como podemos encontrar, por exemplo, na vida do Beato Charles de Foucauld e seus discípulos.

126. Algo se pode recolher também da longa tradição monástica. Nos primórdios, esta favorecia de certo modo a fuga do mundo, procurando afastar-se da decadência urbana. Por isso, os monges buscavam o deserto, convencidos de que fosse o lugar adequado

para reconhecer a presença de Deus. Mais tarde, São Bento de Núrsia quis que os seus monges vivessem em comunidade, unindo oração e estudo com o trabalho manual (*"Ora et labora"*). Esta introdução do trabalho manual impregnada de sentido espiritual revelou-se revolucionária. Aprendeu-se a buscar o amadurecimento e a santificação na compenetração entre o recolhimento e o trabalho. Esta maneira de viver o trabalho torna-nos mais capazes de ter cuidado e respeito pelo meio ambiente, impregnando de sadia sobriedade a nossa relação com o mundo.

127. Afirmamos que "O homem é o protagonista, o centro e o fim de toda a vida econômico-social".[100] Apesar disso, quando no ser humano se deteriora a capacidade de contemplar e respeitar, criam-se as condições para se desfigurar o sentido do trabalho.[101] Convém recordar sempre que o ser humano é "capaz de, por si próprio, ser o agente responsável do seu bem-estar material, progresso moral e desenvolvimento espiritual".[102] O trabalho deveria ser o âmbito deste multiforme desenvolvimento pessoal, onde estão em

---

[100] Conc. Ecum. Vat. II, Const. past. sobre a Igreja no mundo contemporâneo *Gaudium et Spes*, 63.

[101] Cf. João Paulo II, Carta enc. *Centesimus Annus* (1 de maio de 1991), 37: *AAS* 83 (1991), 840.

[102] Paulo VI, Carta enc. *Populorum Progressio* (26 de março de 1967), 34: *AAS* 59 (1967), 274.

jogo muitas dimensões da vida: a criatividade, a projeção do futuro, o desenvolvimento das capacidades, a exercitação dos valores, a comunicação com os outros, uma atitude de adoração. Por isso, a realidade social do mundo atual exige que, acima dos limitados interesses das empresas e de uma discutível racionalidade econômica, "se continue a perseguir como prioritário o objetivo do acesso ao trabalho para todos".[103]

128. Somos chamados ao trabalho desde a nossa criação. Não se deve procurar que o progresso tecnológico substitua cada vez mais o trabalho humano: procedendo assim, a humanidade prejudicaria a si mesma. O trabalho é uma necessidade, faz parte do sentido da vida nesta terra, é caminho de maturação, desenvolvimento humano e realização pessoal. Neste sentido, ajudar os pobres com o dinheiro deve ser sempre um remédio provisório para enfrentar emergências. O verdadeiro objetivo deveria ser sempre consentir-lhes uma vida digna através do trabalho. Mas a orientação da economia favoreceu um tipo de progresso tecnológico cuja finalidade é reduzir os custos de produção com base na diminuição dos postos de trabalho, que são substituídos por máquinas. É mais um exemplo de como a ação do homem se pode voltar contra si mesmo. A diminuição dos postos de trabalho "tem também um impacto

---

[103] Bento XVI, Carta enc. *Caritas in Veritate* (29 de junho de 2009), 32: *AAS* 101 (2009), 666.

negativo no plano econômico com a progressiva corrosão do 'capital social', isto é, daquele conjunto de relações de confiança, de credibilidade, de respeito das regras, indispensável em qualquer convivência civil".[104] Em suma, "os custos humanos são sempre também custos econômicos, e as disfunções econômicas acarretam sempre também custos humanos".[105] Renunciar a investir nas pessoas para se obter maior receita imediata é um péssimo negócio para a sociedade.

129. Para se conseguir continuar a dar emprego, é indispensável promover uma economia que favoreça a diversificação produtiva e a criatividade empresarial. Por exemplo, há uma grande variedade de sistemas alimentares rurais de pequena escala que continuam a alimentar a maior parte da população mundial, utilizando uma porção reduzida de terreno e de água e produzindo menos resíduos, quer em pequenas parcelas agrícolas e hortas, quer na caça e recolha de produtos silvestres, quer na pesca artesanal. As economias de larga escala, especialmente no setor agrícola, acabam por forçar os pequenos agricultores a vender as suas terras ou a abandonar as suas culturas tradicionais. As tentativas feitas por alguns deles no sentido de desenvolverem outras formas de produção, mais diversificadas, resultam inúteis

---

[104] Ibidem.

[105] Ibidem.

por causa da dificuldade de ter acesso aos mercados regionais e globais, ou porque a infraestrutura de venda e transporte está a serviço das grandes empresas. As autoridades têm o direito e a responsabilidade de adotar medidas de apoio claro e firme aos pequenos produtores e à diversificação da produção. Às vezes, para que haja uma liberdade econômica da qual todos realmente beneficiem, pode ser necessário pôr limites àqueles que detêm maiores recursos e poder financeiro. A simples proclamação da liberdade econômica, enquanto as condições reais impedem que muitos possam efetivamente ter acesso a ela e, ao mesmo tempo, se reduz o acesso ao trabalho, torna-se um discurso contraditório que desonra a política. A atividade empresarial, que é uma nobre vocação orientada para produzir riqueza e melhorar o mundo para todos, pode ser uma maneira muito fecunda de promover a região onde instala os seus empreendimentos, sobretudo se pensa que a criação de postos de trabalho é parte imprescindível do seu serviço ao bem comum.

A inovação biológica a partir da pesquisa

130. Na visão filosófica e teológica do ser humano e da criação que procurei propor, aparece claro que a pessoa humana, com a peculiaridade da sua razão e da sua sabedoria, não é um fator externo que deva ser totalmente excluído. No entanto, embora o ser humano possa intervir no mundo vegetal e animal

e fazer uso dele quando é necessário para a sua vida, o *Catecismo* ensina que as experimentações sobre os animais só são legítimas "desde que não ultrapassem os limites do razoável e contribuam para curar ou poupar vidas humanas".[106] Recorda, com firmeza, que o poder humano tem limites e que "é contrário à dignidade humana fazer sofrer inutilmente os animais e dispor indiscriminadamente das suas vidas".[107] Todo o uso e experimentação "exige um respeito religioso pela integridade da criação".[108]

131. Quero recolher aqui a posição equilibrada de São João Paulo II, pondo em destaque os benefícios dos progressos científicos e tecnológicos, que "manifestam quanto é nobre a vocação do homem para participar de modo responsável na ação criadora de Deus", mas ao mesmo tempo recordava que "toda e qualquer intervenção em uma área determinada do ecossistema não pode prescindir da consideração das suas consequências noutras áreas".[109] Afirmava que a Igreja aprecia a contribuição "do estudo e das aplicações da biologia molecular, completada por outras disciplinas como a genética e a sua aplicação tecnológica na agricultura

---

[106] *Catecismo da Igreja Católica*, 2417.

[107] Ibid., 2418.

[108] Ibid., 2415.

[109] *Mensagem para o Dia Mundial da Paz de 1990*, 6: *AAS* 82 (1990), 150.

e na indústria",[110] embora dissesse também que isto não deve levar a uma "indiscriminada manipulação genética"[111] que ignore os efeitos negativos destas intervenções. Não é possível frear a criatividade humana. Se não se pode proibir a um artista que exprima a sua capacidade criativa, também não se pode obstaculizar quem possui dons especiais para o progresso científico e tecnológico, cujas capacidades foram dadas por Deus para o serviço dos outros. Ao mesmo tempo, não se pode deixar de considerar os objetivos, os efeitos, o contexto e os limites éticos de tal atividade humana que é uma forma de poder com grandes riscos.

132. Neste quadro, deveria situar-se toda e qualquer reflexão acerca da intervenção humana sobre o mundo vegetal e animal que implique hoje mutações genéticas geradas pela biotecnologia, a fim de aproveitar as possibilidades presentes na realidade material. O respeito da fé pela razão pede para se prestar atenção àquilo que a própria ciência biológica, desenvolvida independentemente dos interesses econômicos, possa ensinar a propósito das estruturas biológicas e das suas possibilidades e mutações. Em todo o caso, é legítima uma intervenção que atue sobre a natureza

---

[110] *Discurso à Pontifícia Academia das Ciências* (3 de outubro de 1981), 3: *Insegnamenti* 4/2 (1981), 333; *L'Osservatore Romano* (ed. portuguesa de 11/10/1981), 8.

[111] *Mensagem para o Dia Mundial da Paz de 1990*, 7: *AAS* 82 (1990), 151.

"para ajudá-la a desenvolver-se na sua própria linha, a da criação, querida por Deus". [112]

133. É difícil emitir um juízo geral sobre o desenvolvimento de organismos modificados geneticamente (OMGs), vegetais ou animais, para fins medicinais ou agropecuários, porque podem ser muito diferentes entre si e requerer distintas considerações. Além disso, os riscos nem sempre se devem atribuir à própria técnica, mas à sua aplicação inadequada ou excessiva. Na realidade, muitas vezes as mutações genéticas foram e continuam a ser produzidas pela própria natureza. E mesmo as provocadas pelo ser humano não são um fenômeno moderno. A domesticação de animais, o cruzamento de espécies e outras práticas antigas e universalmente seguidas podem incluir-se nestas considerações. É oportuno recordar que o início dos progressos científicos sobre cereais transgênicos foi a observação de bactérias que, de forma natural e espontânea, produziam uma modificação no genoma de um vegetal. Mas, na natureza, estes processos têm um ritmo lento, que não se compara com a velocidade imposta pelos avanços tecnológicos atuais, mesmo quando estes avanços se baseiam num desenvolvimento científico de vários séculos.

---

[112] João Paulo II, *Discurso à 35ª Assembleia Geral da Associação Médica Mundial* (29 de outubro de 1983), 6: *AAS* 76 (1984), 394; *L'Osservatore Romano* (ed. portuguesa de 13/11/1983), 7.

134. Embora não disponhamos de provas definitivas acerca do dano que poderiam causar os cereais transgênicos aos seres humanos e apesar de, em algumas regiões, a sua utilização ter produzido um crescimento econômico que contribuiu para resolver determinados problemas, há dificuldades importantes que não devem ser minimizadas. Em muitos lugares, na sequência da introdução destas culturas, constata-se uma concentração de terras produtivas nas mãos de poucos, devido ao "progressivo desaparecimento de pequenos produtores, que, em consequência da perda das terras cultivadas, se viram obrigados a retirar-se da produção direta".[113] Os mais frágeis deles tornam-se trabalhadores precários, e muitos assalariados agrícolas acabam por emigrar para miseráveis aglomerados das cidades. A expansão destas culturas destrói a complexa trama dos ecossistemas, diminui a diversidade na produção e afeta o presente ou o futuro das economias regionais. Em vários países nota-se uma tendência para o desenvolvimento de oligopólios na produção de sementes e outros produtos necessários para o cultivo, e a dependência agrava-se quando se pensa na produção de sementes estéreis que acabam por obrigar os agricultores a comprá-las das empresas produtoras.

---

[113] Conferência Episcopal da Argentina Comissão de Pastoral Social, *Una terra para todos* (junho de 2005), 19.

135. Sem dúvida, há necessidade de uma atenção constante, que tenha em consideração todos os aspectos éticos implicados. Para isso, é preciso assegurar um debate científico e social que seja responsável e amplo, capaz de considerar toda a informação disponível e chamar as coisas pelo seu nome. Às vezes não se coloca sobre a mesa a informação completa, mas é selecionada de acordo com os próprios interesses, sejam eles políticos, econômicos ou ideológicos. Isto torna difícil elaborar um juízo equilibrado e prudente sobre as várias questões, tendo presente todas as variáveis em jogo. É necessário dispor de espaços de debate, onde todos aqueles que poderiam de algum modo ver-se, direta ou indiretamente, afetados (agricultores, consumidores, autoridades, cientistas, produtores de sementes, populações vizinhas dos campos tratados e outros) tenham possibilidade de expor as suas problemáticas ou ter acesso a uma informação ampla e fidedigna para adotar decisões tendentes ao bem comum presente e futuro. A questão dos OMGs é uma questão de caráter complexo, que requer ser abordada com um olhar abrangente de todos os aspectos; isto exigiria pelo menos um maior esforço para financiar distintas linhas de pesquisa autônoma e interdisciplinar que possam trazer nova luz.

136. Além disso, é preocupante constatar que alguns movimentos ecológicos defendem a integridade do meio ambiente e, com razão, reclamam a imposição

de determinados limites à pesquisa científica, mas não aplicam estes mesmos princípios à vida humana. Muitas vezes justifica-se que se ultrapassem todos os limites, quando se faz experiências com embriões humanos vivos. Esquece-se de que o valor inalienável do ser humano é independente do seu grau de desenvolvimento. Aliás, quando a técnica ignora os grandes princípios éticos, acaba por considerar legítima qualquer prática. Como vimos neste capítulo, a técnica separada da ética dificilmente será capaz de autolimitar o seu poder.

Capítulo IV

UMA ECOLOGIA INTEGRAL

137. Visto que tudo está intimamente relacionado e que os problemas atuais requerem um olhar que tenha em conta todos os aspectos da crise mundial, proponho que nos detenhamos agora a refletir sobre os diferentes elementos de uma *ecologia integral*, que inclua claramente as dimensões humanas e sociais.

1. Ecologia ambiental, econômica e social

138. A ecologia estuda as relações entre os organismos vivos e o meio ambiente onde se desenvolvem. E isto exige pensar e discutir acerca das condições de vida e de sobrevivência de uma sociedade, com a honestidade de pôr em questão modelos de desenvolvimento, produção e consumo. Nunca é demais insistir que tudo está interligado. O tempo e o espaço não são independentes entre si; nem os próprios átomos ou as partículas subatômicas podem ser consideradas separadamente. Assim como os vários componentes do planeta – físicos, químicos e biológicos – estão relacionados entre si, assim também as espécies vivas formam uma trama que nunca acabaremos de individuar e compreender.

Boa parte da nossa informação genética é partilhada com muitos seres vivos. Por isso, os conhecimentos fragmentários e isolados podem tornar-se uma forma de ignorância, quando resistem a integrar-se em uma visão mais ampla da realidade.

139. Quando falamos de "meio ambiente", fazemos referência também a uma particular relação: a relação entre a natureza e a sociedade que a habita. Isto nos impede de considerar a natureza como algo separado de nós ou como uma mera moldura da nossa vida. Estamos incluídos nela, somos parte dela e compenetramo-nos. As razões pelas quais um lugar se contamina exigem uma análise do funcionamento da sociedade, da sua economia, do seu comportamento, das suas maneiras de entender a realidade. Dada a amplitude das mudanças, já não é possível encontrar uma resposta específica e independente para cada parte do problema. É fundamental buscar soluções integrais que considerem as interações dos sistemas naturais entre si e com os sistemas sociais. Não há duas crises separadas: uma ambiental e outra social; mas uma única e complexa crise socioambiental. As diretrizes para a solução requerem uma abordagem integral para combater a pobreza, devolver a dignidade aos excluídos e, simultaneamente, cuidar da natureza.

140. Devido à quantidade e variedade de elementos a se ter em conta na hora de determinar o impacto ambiental de um empreendimento concreto, torna-se

indispensável dar aos pesquisadores um papel preponderante e facilitar a sua interação com uma ampla liberdade acadêmica. Esta pesquisa constante deveria permitir reconhecer também como as diferentes criaturas se relacionam, formando aquelas unidades maiores que hoje chamamos "ecossistemas". Temo-los em conta não só para determinar qual é o seu uso razoável, mas também porque possuem um valor intrínseco, independente de tal uso. Assim como cada organismo é bom e admirável em si mesmo pelo fato de ser uma criatura de Deus, o mesmo se pode dizer do conjunto harmônico de organismos num determinado espaço, funcionando como um sistema. Embora não tenhamos consciência disso, dependemos desse conjunto para a nossa própria existência. Convém recordar que os ecossistemas intervêm na retenção do anidrido carbônico, na purificação da água, na contraposição a doenças e pragas, na composição do solo, na decomposição dos resíduos, e muitíssimos outros serviços que esquecemos ou ignoramos. Quando se dão conta disto, muitas pessoas voltam a tomar consciência de que vivemos e agimos a partir de uma realidade que nos foi previamente dada, que é anterior às nossas capacidades e à nossa existência. Por isso, quando se fala de "uso sustentável", é preciso incluir sempre uma consideração sobre a capacidade regenerativa de cada ecossistema nos seus diversos setores e aspectos.

141. Além disso, o crescimento econômico tende a gerar automatismos e a homogeneizar, a fim de simplificar os processos e reduzir os custos. Por isso, é necessária uma ecologia econômica, capaz de induzir a considerar a realidade de forma mais ampla. Com efeito, "a proteção do meio ambiente deverá constituir parte integrante do processo de desenvolvimento e não poderá ser considerada isoladamente".[114] Mas, ao mesmo tempo, torna-se atual a necessidade imperiosa do humanismo, que faz apelo aos distintos saberes, incluindo o econômico, para uma visão mais integral e integradora. Hoje, a análise dos problemas ambientais é inseparável da análise dos contextos humanos, familiares, laborais, urbanos, e da relação de cada pessoa com si mesma, que gera um modo específico de se relacionar com os outros e com o meio ambiente. Há uma interação entre os ecossistemas e entre os diferentes mundos de referência social e, assim, se demonstra mais uma vez que "o todo é superior à parte".[115]

142. Se tudo está relacionado, também o estado de saúde das instituições de uma sociedade tem consequências no ambiente e na qualidade de vida humana: "toda a lesão da solidariedade e da amizade

---

[114] *Declaração do Rio sobre o Meio Ambiente e o Desenvolvimento*, Rio de Janeiro (14 de junho de 1992), princípio 4.

[115] Francisco, Exort. ap. *Evangelii Gaudium* (24 de novembro de 2013), 237: *AAS* 105 (2013), 1116.

cívica provoca danos ambientais".[116] Neste sentido, a ecologia social é necessariamente institucional e progressivamente alcança as diferentes dimensões, que vão desde o grupo social primário, a família, até à vida internacional, passando pela comunidade local e a nação. Dentro de cada um dos níveis sociais e entre eles, desenvolvem-se as instituições que regulam as relações humanas. Tudo o que as danifica comporta efeitos nocivos, como a perda da liberdade, a injustiça e a violência. Vários países são governados por um sistema institucional precário, à custa do sofrimento do povo e para benefício daqueles que lucram com este estado de coisas. Tanto dentro da administração do Estado, como nas diferentes expressões da sociedade civil, ou nas relações dos habitantes entre si, registram-se, com demasiada frequência, comportamentos ilegais. As leis podem estar redigidas de forma correta, mas muitas vezes permanecem letra morta. Poder-se-á, assim, esperar que a legislação e as normativas relativas ao meio ambiente sejam realmente eficazes? Sabemos, por exemplo, que países dotados de uma legislação clara sobre a proteção das florestas continuam a ser testemunhas mudas da sua frequente violação. Além disso, o que acontece em uma região influi, direta ou indiretamente, nas outras regiões. Assim, por exemplo,

---

[116] Bento XVI, Carta enc. *Caritas in Veritate* (29 de junho de 2009), 51: *AAS* 101 (2009), 687.

o consumo de drogas nas sociedades opulentas provoca uma constante ou crescente procura de produtos que provêm de regiões empobrecidas, onde se corrompem comportamentos, se destroem vidas e se acaba por degradar o meio ambiente.

2. Ecologia cultural

143. A par do patrimônio natural, encontra-se igualmente ameaçado um patrimônio histórico, artístico e cultural. Faz parte da identidade comum de um lugar, servindo de base para construir uma cidade habitável. Não se trata de destruir e criar novas cidades hipoteticamente mais ecológicas, onde nem sempre resulta desejável viver. É preciso integrar a história, a cultura e a arquitetura de um lugar, salvaguardando a sua identidade original. Por isso, a ecologia envolve também o cuidado das riquezas culturais da humanidade, no seu sentido mais amplo. Mais diretamente, pede que se preste atenção às culturas locais, quando se analisam questões relacionadas com o meio ambiente, fazendo dialogar a linguagem técnico-científica com a linguagem popular. É a cultura – entendida não só como os monumentos do passado, mas especialmente no seu sentido vivo, dinâmico e participativo – que não se pode excluir na hora de repensar a relação do ser humano com o meio ambiente.

144. A visão consumista do ser humano, incentivada pelos mecanismos da economia globalizada atual, tende a homogeneizar as culturas e a debilitar a imensa variedade cultural, que é um tesouro da humanidade. Por isso, pretender resolver todas as dificuldades, através de normativas uniformes ou por intervenções técnicas, leva a negligenciar a complexidade das problemáticas locais, que requerem a participação ativa dos habitantes. Os novos processos em gestação nem sempre se podem integrar dentro de modelos estabelecidos do exterior, mas hão de ser provenientes da própria cultura local. Assim como a vida e o mundo são dinâmicos, assim também o cuidado do mundo deve ser flexível e dinâmico. As soluções meramente técnicas correm o risco de levar em consideração sintomas que não correspondem às problemáticas mais profundas. É preciso assumir a perspectiva dos direitos dos povos e das culturas, dando assim provas de compreender que o desenvolvimento de um grupo social supõe um processo histórico no âmbito de um contexto cultural e requer constantemente o protagonismo dos atores sociais locais *a partir da sua própria cultura*. Nem mesmo a noção da qualidade de vida se pode impor, mas deve ser entendida dentro do mundo de símbolos e hábitos próprios de cada grupo humano.

145. Muitas formas de intensa exploração e degradação do meio ambiente podem esgotar não só os

meios locais de subsistência, mas também os recursos sociais que consentiram um modo de viver que sustentou, durante longo tempo, uma identidade cultural e um sentido da existência e da convivência social. O desaparecimento de uma cultura pode ser tanto ou mais grave do que o desaparecimento de uma espécie animal ou vegetal. A imposição de um estilo hegemônico de vida ligado a um modo de produção pode ser tão nociva como a alteração dos ecossistemas.

146. Neste sentido, é indispensável prestar uma atenção especial às comunidades aborígenes com as suas tradições culturais. Não são apenas uma minoria entre outras, mas devem tornar-se os principais interlocutores, especialmente quando se avança com grandes projetos que afetam os seus espaços. Com efeito, para eles, a terra não é um bem econômico, mas dom gratuito de Deus e dos antepassados que nela descansam, um espaço sagrado com o qual precisam interagir para manter a sua identidade e os seus valores. Eles, quando permanecem nos seus territórios, são quem melhor os cuida. Em várias partes do mundo, porém, são objeto de pressões para que abandonem suas terras e as deixem livres para projetos extrativos e agropecuários que não prestam atenção à degradação da natureza e da cultura.

3. Ecologia da vida cotidiana

147. Para falar de autêntico progresso, será preciso verificar que se produza uma melhoria global na qualidade de vida humana; isto implica analisar o espaço onde as pessoas transcorrem a sua existência. Os ambientes onde vivemos influem sobre a nossa maneira de ver a vida, sentir e agir. Ao mesmo tempo, no nosso quarto, na nossa casa, no nosso lugar de trabalho e no nosso bairro, usamos o ambiente para exprimir a nossa identidade. Esforçamo-nos por nos adaptar ao ambiente e, quando este aparece desordenado, caótico ou cheio de poluição visual e acústica, o excesso de estímulos põe à prova as nossas tentativas de desenvolver uma identidade integrada e feliz.

148. Admirável é a criatividade e generosidade de pessoas e grupos que são capazes de dar a volta às limitações do ambiente, modificando os efeitos adversos dos condicionalismos e aprendendo a orientar a sua existência no meio da desordem e precariedade. Por exemplo, em alguns lugares, onde as fachadas dos edifícios estão muito deterioradas, há pessoas que cuidam com muita dignidade do interior das suas habitações, ou que se sentem bem pela cordialidade e amizade das pessoas. A vida social positiva e benfazeja dos habitantes enche de luz um ambiente à primeira vista inabitável. É louvável a ecologia humana que os pobres

conseguem desenvolver, no meio de tantas limitações. A sensação de sufocamento, produzida pelos aglomerados residenciais e pelos espaços com alta densidade populacional, é contrastada se se desenvolvem calorosas relações humanas de vizinhança, se se criam comunidades, se as limitações ambientais são compensadas na interioridade de cada pessoa que se sente inserida em uma rede de comunhão e pertença. Deste modo, qualquer lugar deixa de ser um inferno e toma-se o contexto de uma vida digna.

149. Inversamente, está provado que a penúria extrema vivida em alguns ambientes privados de harmonia, magnanimidade e possibilidade de integração facilita o aparecimento de comportamentos desumanos e a manipulação das pessoas por organizações criminosas. Para os habitantes de bairros periféricos muito precários, a experiência diária de passar da superlotação ao anonimato social, que se vive nas grandes cidades, pode provocar uma sensação de desenraizamento que favorece comportamentos antissociais e violência. Todavia, tenho a coragem de reiterar que o amor é mais forte. Muitas pessoas, nestas condições, são capazes de tecer laços de pertença e convivência que transformam a superlotação em uma experiência comunitária, onde se derrubam os muros do eu e superam as barreiras do egoísmo. Esta experiência de salvação comunitária é o

que muitas vezes suscita reações criativas para melhorar um edifício ou um bairro.[117]

150. Dada a relação entre os espaços urbanizados e o comportamento humano, aqueles que projetam edifícios, bairros, espaços públicos e cidades precisam da contribuição dos vários saberes que permitem compreender os processos, o simbolismo e os comportamentos das pessoas. Não é suficiente a busca da beleza no projeto, porque tem ainda mais valor servir outro tipo de beleza: a qualidade de vida das pessoas, a sua harmonia com o ambiente, o encontro e ajuda mútua. Por isso, também, é tão importante que o ponto de vista dos habitantes do lugar contribua sempre para a análise da planificação urbanista.

151. É preciso cuidar dos espaços comuns, dos marcos visuais e das estruturas urbanas que melhoram o nosso sentido de pertença, a nossa sensação de enraizamento, o nosso sentimento de "estar em casa", dentro da cidade que nos envolve e une. É importante que as diferentes partes de uma cidade estejam bem integradas e que os habitantes possam ter uma visão

---

[117] Alguns autores puseram em evidência os valores que muitas vezes se vivem, por exemplo, nas "vilas", "*chabolas*" ou favelas da América Latina: ver Juan Carlos Scannone S.I., "La irrupción del pobre y la lógica de la gratuidad", in Juan Carlos Scannone e Marcelo Perine (eds.), *Irrupción del pobre y quehacer filosófica, Hacia una nueva racionalidad* (Buenos Aires 1993), 225-230.

de conjunto, em vez de se encerrarem num bairro, renunciando a viver a cidade inteira como um espaço próprio partilhado com os outros. Toda a intervenção na paisagem urbana ou rural deveria considerar que os diferentes elementos do lugar formam um todo, sentido pelos habitantes como um contexto coerente com a sua riqueza de significados. Assim, os outros deixam de ser estranhos e podemos senti-los como parte de um "nós" que construímos juntos. Pela mesma razão, tanto no meio urbano como no rural, convém preservar alguns espaços, onde se evitem intervenções humanas que os alterem constantemente.

152. A falta de habitação é grave em muitas partes do mundo, tanto nas áreas rurais como nas grandes cidades, nomeadamente porque os orçamentos estatais em geral cobrem apenas uma pequena parte da procura. E não só os pobres, mas uma grande parte da socie-dade encontra sérias dificuldades para ter uma casa própria. A propriedade da casa tem muita importância para a dignidade das pessoas e o desenvolvimento das famílias. Trata-se de uma questão central da ecologia humana. Se em um lugar concreto já se desenvolveram aglomerados caóticos de casas precárias, trata-se pri-mariamente de urbanizar estes bairros, não de erradicar e expulsar os habitantes. Mas, quando os pobres vivem em subúrbios poluídos ou aglomerados perigosos, "no caso de ter de se proceder à sua deslocação, para não

acrescentar mais sofrimento ao que já padecem, é necessário fornecer-lhes uma adequada e prévia informação, oferecer-lhes alternativas de alojamentos dignos e envolver diretamente os interessados".[118] Ao mesmo tempo, a criatividade deveria levar à integração dos bairros precários em uma cidade acolhedora: "Como são belas as cidades que superam a desconfiança doentia e integram os que são diferentes, fazendo desta integração um novo fator de progresso! Como são encantadoras as cidades que, já no seu projeto arquitetônico, estão cheias de espaços que unem, relacionam, favorecem o reconhecimento do outro!"[119]

153. Nas cidades, a qualidade de vida está largamente relacionada com os transportes, que muitas vezes são causa de grandes tribulações para os habitantes. Nelas, circulam muitos carros utilizados por uma ou duas pessoas, pelo que o tráfego torna-se intenso, eleva-se o nível de poluição, consomem-se enormes quantidades de energia não renovável e torna-se necessária a construção de mais estradas e parques de estacionamento que prejudicam o tecido urbano. Muitos especialistas estão de acordo sobre a necessidade de dar prioridade ao transporte público. Mas é difícil que algumas medidas

---

[118] Pontifício Conselho "Justiça e Paz", *Compêndio da Doutrina Social da Igreja*, 482.

[119] Francisco, Exort. ap. *Evangelii Gaudium* (24 de novembro de 2013), 210: *AAS* 105 (2013), 1107.

consideradas necessárias sejam pacificamente acolhidas pela sociedade, sem uma melhoria substancial do referido transporte, que, em muitas cidades, comporta um tratamento indigno das pessoas devido à superlotação, ao desconforto ou à reduzida frequência dos serviços e à insegurança.

154. O reconhecimento da dignidade peculiar do ser humano contrasta frequentemente com a vida caótica que as pessoas têm que fazer nas nossas cidades. Mas isto não deveria levar a esquecer do estado de abandono e desleixo que sofrem também alguns habitantes das áreas rurais, aonde não chegam os serviços essenciais e há trabalhadores reduzidos a situações de escravidão, sem direitos nem expectativas de uma vida mais dignificante.

155. A ecologia humana implica também algo de muito profundo que é indispensável para se poder criar um ambiente mais dignificante: a relação necessária da vida do ser humano com a lei moral inscrita na sua própria natureza. Bento XVI dizia que existe uma "ecologia do homem", porque "também o homem possui uma natureza, que deve respeitar e não pode manipular como lhe apetece".[120] Nesta linha, é preciso reconhecer que o nosso corpo nos põe em relação direta com o meio

---

[120] *Discurso ao Bundestag*, Berlim (22 de setembro de 2011): *AAS* 103 (2011), 668; *L'Osservatore Romano* (ed. portuguesa de 24/9/2011), 5.

ambiente e com os outros seres vivos. A aceitação do próprio corpo, como dom de Deus, é necessária para acolher e aceitar o mundo inteiro como dom do Pai e casa comum; pelo contrário, uma lógica de domínio sobre o próprio corpo transforma-se em uma lógica, por vezes sutil, de domínio sobre a criação. Aprender a aceitar o próprio corpo, a cuidar dele e a respeitar os seus significados é essencial para uma verdadeira ecologia humana. Também é necessário ter apreço pelo próprio corpo na sua feminilidade ou masculinidade, para se poder reconhecer a si mesmo no encontro com o outro que é diferente. Assim, é possível aceitar com alegria o dom específico do outro ou da outra, obra de Deus criador, e enriquecer-se mutuamente. Portanto, não é salutar um comportamento que pretenda "cancelar a diferença sexual, porque já não sabe confrontar-se com ela".[121]

4. O princípio do bem comum

156. A ecologia humana é inseparável da noção de bem comum, princípio este que desempenha um papel central e unificador na ética social. É "o conjunto das condições da vida social que permite, tanto aos grupos

---

[121] Francisco, *Catequese* (15 de Abril de 2015): *L'Osservatore Romano* (ed. portuguesa de 16/4 /2015), 20.

como a cada membro, alcançar mais plena e facilmente a própria perfeição".[122]

157. O bem comum pressupõe o respeito pela pessoa humana enquanto tal, com direitos fundamentais e inalienáveis orientados para o seu desenvolvimento integral. Exige também os dispositivos de bem-estar e segurança social e o desenvolvimento dos vários grupos intermédios, aplicando o princípio da subsidiariedade. Entre tais grupos, destaca-se de forma especial a família, enquanto célula basilar da sociedade. Por fim, o bem comum requer a paz social, isto é, a estabilidade e a segurança de certa ordem, que não se realiza sem uma atenção particular à justiça distributiva, cuja violação gera sempre violência. Toda a sociedade – e, nela, especialmente o Estado – tem obrigação de defender e promover o bem comum.

158. Nas condições atuais da sociedade mundial, onde há tantas desigualdades e são cada vez mais numerosas as pessoas descartadas, privadas dos direitos humanos fundamentais, o princípio do bem comum torna-se imediatamente, como consequência lógica e inevitável, um apelo à solidariedade e uma opção preferencial pelos mais pobres. Esta opção implica tirar as consequências do destino comum dos bens da terra,

---

[122] Conc. Ecum. Vat. II, Const. past. sobre a Igreja no mundo contemporâneo *Gaudium et spes*, 26.

mas – como procurei mostrar na exortação apostólica *Evangelii Gaudium*[123] – exige acima de tudo contemplar a imensa dignidade do pobre à luz das mais profundas convicções de fé. Basta observar a realidade para compreender que, hoje, esta opção é uma exigência ética fundamental para a efetiva realização do bem comum.

5. A justiça intergeracional

159. A noção de bem comum engloba também as gerações futuras. As crises econômicas internacionais mostraram, de forma atroz, os efeitos nocivos que traz consigo o desconhecimento de um destino comum, do qual não podem ser excluídos aqueles que virão depois de nós. Já não se pode falar de desenvolvimento sustentável sem uma solidariedade intergeracional. Quando pensamos na situação em que se deixa o planeta às gerações futuras, entramos noutra lógica: a do dom gratuito, que recebemos e comunicamos. Se a terra nos é dada, não podemos pensar apenas a partir de um critério utilitarista de eficiência e produtividade para lucro individual. Não estamos falando de uma atitude opcional, mas de uma questão essencial de justiça, pois a terra que recebemos pertence também àqueles que hão de vir. Os bispos de Portugal exortaram a assumir este dever de justiça: "O ambiente situa-se na lógica da

---

[123] Cf. nn. 186-201: *AAS* 105 (2013), 1098-1105.

recepção. É um empréstimo que cada geração recebe e deve transmitir à geração seguinte".[124] Uma ecologia integral possui esta perspectiva ampla.

160. Que tipo de mundo queremos deixar a quem vai suceder-nos, às crianças que estão crescendo? Esta pergunta não toca apenas o meio ambiente de maneira isolada, porque não se pode pôr a questão de forma fragmentária. Quando nos interrogamos acerca do mundo que queremos deixar, referimo-nos, sobretudo, à sua orientação geral, ao seu sentido, aos seus valores. Se não pulsa nelas esta pergunta de fundo, não creio que as nossas preocupações ecológicas possam alcançar efeitos importantes. Mas, se esta pergunta é posta com coragem, leva-nos inexoravelmente a outras questões muito diretas: Com que finalidade passamos por este mundo? Para que viemos a esta vida? Para que trabalhamos e lutamos? Que necessidade tem de nós esta terra? Por isso, já não basta dizer que devemos preocupar-nos com as gerações futuras; exige-se ter consciência de que é a nossa própria dignidade que está em jogo. Somos nós os primeiros interessados em deixar um planeta habitável para a humanidade que nos vai suceder. Trata-se de um drama para nós mesmos, porque isto chama em causa o significado da nossa passagem por esta terra.

---

[124] Conferência Episcopal Portuguesa, Carta pastoral *Responsabilidade solidária pelo bem comum* (15 de setembro de 2003), 20.

161. As previsões catastróficas já não se podem olhar com desprezo e ironia. Às próximas gerações, poderíamos deixar demasiadas ruínas, desertos e lixo. O ritmo de consumo, desperdício e alteração do meio ambiente superou de tal maneira as possibilidades do planeta, que o estilo de vida atual – por ser insustentável – só pode desembocar em catástrofes, como, aliás, já está acontecendo periodicamente em várias regiões. A atenuação dos efeitos do desequilíbrio atual depende do que fizermos agora, sobretudo se pensarmos na responsabilidade que nos atribuirão aqueles que deverão suportar as piores consequências.

162. A dificuldade em levar a sério este desafio tem a ver com uma deterioração ética e cultural, que acompanha a deterioração ecológica. O homem e a mulher deste mundo pós-moderno correm o risco permanente de se tornarem profundamente individualistas, e muitos problemas sociais de hoje estão relacionados com a busca egoísta de uma satisfação imediata, com as crises dos laços familiares e sociais, com as dificuldades em reconhecer o outro. Muitas vezes há um consumo excessivo e míope dos pais que prejudica os próprios filhos, que sentem cada vez mais dificuldade em comprar casa própria e fundar uma família. Além disso, esta falta de capacidade para pensar seriamente nas futuras gerações está ligada com a nossa incapacidade de alargar o horizonte das nossas preocupações

e pensar naqueles que permanecem excluídos do desenvolvimento. Não percamos tempo imaginando os pobres do futuro; é suficiente que recordemos os pobres de hoje, que poucos anos têm para viver nesta terra e não podem continuar a esperar. Por isso, "para além de uma leal solidariedade entre as gerações, há que reafirmar a urgente necessidade moral de uma renovada solidariedade entre os indivíduos da mesma geração".[125]

---

[125] Bento XVI, *Mensagem para o Dia Mundial da Paz de 2010*, 8: *AAS* 102 (2010), 45.

Capítulo V

ALGUMAS LINHAS DE ORIENTAÇÃO E AÇÃO

163. Procurei examinar a situação atual da humanidade, tanto nas feridas do planeta que habitamos, como nas causas mais profundamente humanas da degradação ambiental. Embora esta contemplação da realidade em si mesma já nos indique a necessidade de uma mudança de rumo e sugira algumas ações, procuremos agora delinear grandes percursos de diálogo que nos ajudem a sair da espiral de autodestruição, onde estamos afundando.

1. O diálogo sobre o meio ambiente na política internacional

164. Desde meados do século passado e superando muitas dificuldades, foi-se consolidando a tendência de conceber o planeta como pátria e a humanidade como povo que habita uma casa comum. Um mundo interdependente não significa unicamente compreender que as consequências danosas dos estilos de vida, produção e consumo afetam a todos, mas principalmente

procurar que as soluções sejam propostas a partir de uma perspectiva global e não apenas para defesa dos interesses de alguns países. A interdependência obriga--nos a pensar *em um único mundo, em um projeto comum*. Mas, a mesma inteligência que foi utilizada para um enorme desenvolvimento tecnológico não consegue encontrar formas eficazes de gestão internacional para resolver as graves dificuldades ambientais e sociais. Para enfrentar os problemas de fundo, que não se podem resolver com ações de países isolados, torna-se indispensável um consenso mundial que leve, por exemplo, a programar uma agricultura sustentável e diversificada, desenvolver formas de energia renováveis e pouco poluidoras, fomentar uma maior eficiência energética, promover uma gestão mais adequada dos recursos florestais e marinhos, garantir a todos o acesso à água potável.

165. Sabemos que a tecnologia baseada nos combustíveis fósseis – altamente poluentes, sobretudo o carvão, mas também o petróleo e, em menor medida, o gás – deve ser, progressivamente e sem demora, substituída. Enquanto aguardamos por um amplo desenvolvimento das energias renováveis, que já deveria ter começado, é legítimo optar pelo mal menor ou recorrer a soluções transitórias. Todavia, na comunidade internacional, não se consegue suficiente acordo sobre a responsabilidade de quem deve suportar os maiores

custos da transição energética. Nas últimas décadas, as questões ambientais deram origem a um amplo debate público, que fez crescer na sociedade civil espaços de notável compromisso e generosa dedicação. A política e a indústria reagem com lentidão, longe de estar à altura dos desafios mundiais. Neste sentido, pode-se dizer que, enquanto a humanidade do período pós-industrial talvez fique recordada como uma das mais irresponsáveis da história, espera-se que a humanidade dos inícios do século XXI possa ser lembrada por ter assumido com generosidade as suas graves responsabilidades.

166. O movimento ecológico mundial já percorreu um longo caminho, enriquecido pelo esforço de muitas organizações da sociedade civil. Não seria possível mencioná-las todas aqui, nem repassar a história das suas contribuições. Mas, graças a tanta dedicação, as questões ambientais têm estado cada vez mais presentes na agenda pública e tornaram-se um convite permanente a pensar a longo prazo. Apesar disso, as cúpulas mundiais sobre o meio ambiente dos últimos anos não corresponderam às expectativas, porque não alcançaram, por falta de decisão política, acordos ambientais globais realmente significativos e eficazes.

167. Dentre elas, há que recordar a Cúpula da Terra, celebrada em 1992, no Rio de Janeiro. Lá se proclamou que "os seres humanos constituem o centro das preocupações relacionadas com o desenvolvimento

sustentável".[126] Retomando alguns conteúdos da Declaração de Estocolmo (1972), que sancionou, entre outras coisas, a cooperação internacional no cuidado do ecossistema de toda a terra, a obrigação de quem contaminar assumir economicamente os custos derivados, o dever de avaliar o impacto ambiental de toda e qualquer obra ou projeto. Propôs o objetivo de estabilizar as concentrações de gases com efeito estufa na atmosfera para inverter a tendência do aquecimento global. Também elaborou uma agenda com um programa de ação e uma convenção sobre biodiversidade, declarou princípios em matéria florestal. Embora tal Cúpula marcasse um passo em frente e fosse verdadeiramente profética para a sua época, os acordos tiveram um baixo nível de implementação, porque não se estabeleceram adequados mecanismos de controle, revisão periódica e sanção das violações. Os princípios enunciados continuam a requerer caminhos eficazes e ágeis de realização prática.

168. Como experiências positivas, pode-se mencionar, por exemplo, a Convenção de Basileia sobre os resíduos perigosos, com um sistema de notificação, níveis estipulados e controles, e também a Convenção vinculante sobre o comércio internacional das espécies da fauna e da flora selvagens ameaçadas de extinção, que prevê missões de verificação do seu efetivo

---

[126] *Declaração do Rio sobre o Meio Ambiente e o Desenvolvimento*, Rio de Janeiro (14 de junho de 1992), princípio 1.

cumprimento. Graças à Convenção de Viena para a proteção da camada de ozônio e a respectiva implementação, através do Protocolo de Montreal e as suas emendas, o problema da diminuição da referida camada parece ter entrado em uma fase de solução.

169. No cuidado da biodiversidade e no controle à desertificação, os avanços foram muito menos significativos. Relativamente às mudanças climáticas, os progressos são, infelizmente, muito escassos. A redução de gases com efeito estufa requer honestidade, coragem e responsabilidade, sobretudo dos países mais poderosos e mais poluentes. A Conferência das Nações Unidas sobre o Desenvolvimento Sustentável, chamada Rio+20 (Rio de Janeiro, 2012), emitiu uma Declaração Final extensa, mas ineficaz. As negociações internacionais não podem avançar significativamente por causa das posições dos países que privilegiam os seus interesses nacionais sobre o bem comum global. Aqueles que hão de sofrer as consequências, que tentamos dissimular, recordarão esta falta de consciência e de responsabilidade. Durante o período de elaboração desta encíclica, o debate adquiriu particular intensidade. Nós, crentes, não podemos deixar de rezar a Deus pela evolução positiva nos debates atuais, para que as gerações futuras não sofram as consequências de demoras imprudentes.

170. Algumas das estratégias para a baixa emissão de gases poluentes apostam na internacionalização

dos custos ambientais, com o perigo de impor aos países de menores recursos pesados compromissos de redução de emissões comparáveis aos dos países mais industrializados. A imposição destas medidas penaliza os países mais necessitados de desenvolvimento. Assim, acrescenta-se uma nova injustiça sob a capa do cuidado do meio ambiente. Como sempre, a corda quebra pelo ponto mais fraco. Uma vez que os efeitos das mudanças climáticas se farão sentir durante muito tempo, mesmo que agora sejam tomadas medidas rigorosas, alguns países com escassos recursos precisarão de ajuda para se adaptar a efeitos que já estão sendo produzidos e afetam as suas economias. É verdade que há responsabilidades comuns, mas diferenciadas, pelo simples motivo – como disseram os bispos da Bolívia – que "Os países que foram beneficiados por um alto grau de industrialização, à custa de uma enorme emissão de gases com efeito estufa, têm maior responsabilidade em contribuir para a solução dos problemas que causaram".[127]

171. A estratégia de compra-venda de "créditos de emissão" pode levar a uma nova forma de especulação, que não ajudaria a reduzir a emissão global de gases poluentes. Este sistema parece ser uma solução rápida e fácil, com a aparência de um certo compromisso com o meio ambiente, mas que não implica de forma alguma

---

[127] Conferência Episcopal da Bolívia, Carta pastoral *El universo, don de Dios para la vida* (2012), 86.

uma mudança radical à altura das circunstâncias. Pelo contrário, pode tornar-se um diversivo que permite sustentar o consumo excessivo de alguns países e setores.

172. Para os países pobres, as prioridades devem ser a erradicação da miséria e o desenvolvimento social dos seus habitantes; ao mesmo tempo devem examinar o nível escandaloso de consumo de alguns setores privilegiados da sua população e contrastar melhor a corrupção. Sem dúvida, devem também desenvolver formas menos poluentes de produção de energia, mas para isso precisam contar com a ajuda dos países que cresceram muito à custa da atual poluição do planeta. O aproveitamento direto da energia solar, tão abundante, exige que se estabeleçam mecanismos e subsídios tais, que os países em vias de desenvolvimento possam ter acesso à transferência de tecnologias, assistência técnica e recursos financeiros, mas sempre prestando atenção às condições concretas, pois "nem sempre se avalia adequadamente a compatibilidade dos sistemas com o contexto para o qual são projetados".[128] Os custos seriam baixos se comparados com os riscos das mudanças climáticas. Em todo o caso, trata-se primariamente de uma decisão ética, fundada na solidariedade de todos os povos.

---

[128] Pontifício Conselho "Justiça e Paz ", Doc. *Energia, Giustizia e Pace* (Cidade do Vaticano 2013), 56.

173. Urgem acordos internacionais que se cumpram, dada a escassa capacidade das instâncias locais para intervirem de maneira eficaz. As relações entre os Estados devem salvaguardar a soberania de cada um, mas também estabelecer caminhos consensuais para evitar catástrofes locais, que acabariam por danificar a todos. São necessários padrões reguladores globais que imponham obrigações e impeçam ações inaceitáveis, como o fato de países poderosos descarregarem, sobre outros países, resíduos e indústrias altamente poluentes.

174. Mencionemos também o sistema de governança dos oceanos. Com efeito, embora tenha havido várias convenções internacionais e regionais, a fragmentação e a falta de severos mecanismos de regulamentação, controle e sanção acabam por minar todos os esforços. O problema crescente dos resíduos marinhos e da proteção das áreas marinhas, para além das fronteiras nacionais, continua a representar um desafio especial. Em definitivo, precisamos de um acordo sobre os regimes de governança para toda a gama dos chamados bens comuns globais.

175. A lógica que dificulta a tomada de decisões drásticas para inverter a tendência ao aquecimento global é a mesma que não permite cumprir o objetivo de erradicar a pobreza. Precisamos de uma reação global mais responsável, que implique enfrentar, contemporaneamente, a redução da poluição e o desenvolvimento

dos países e regiões pobres. O século XXI, mantendo um sistema de governança próprio de épocas passadas, assiste a uma perda de poder dos Estados nacionais, sobretudo, porque a dimensão econômico-financeira, de caráter transnacional, tende a prevalecer sobre a política. Neste contexto, torna-se indispensável a maturação de instituições internacionais mais fortes e eficazmente organizadas, com autoridades designadas de maneira imparcial, por meio de acordos entre os governos nacionais e dotadas de poder de sancionar. Como afirmou Bento XVI, na linha desenvolvida até agora pela doutrina social da Igreja, "para o governo da economia mundial, para sanar as economias atingidas pela crise de modo a prevenir o agravamento da mesma e em consequências maiores desequilíbrios, para realizar um oportuno e integral desarmamento, a segurança alimentar e a paz, para garantir a salvaguarda do ambiente e para regulamentar os fluxos migratórios urge a presença de uma verdadeira *Autoridade política mundial*, delineada já pelo meu predecessor, São João XXIII".[129] Nesta perspectiva, a diplomacia adquire uma importância inédita, chamada a promover estratégias internacionais para prevenir os problemas mais graves que acabam por afetar a todos.

---

[129] Carta enc. *Caritas in Veritate* (29 de junho de 2009), 67: *AAS* 101 (2009), 700.

2. O diálogo para novas políticas nacionais e locais

176. Há vencedores e vencidos não só entre os países, mas também dentro dos países pobres, onde se devem identificar as diferentes responsabilidades. Por isso, as questões relacionadas com o meio ambiente e com o desenvolvimento econômico já não se podem olhar apenas a partir das diferenças entre os países, mas exigem que se preste atenção às políticas nacionais e locais.

177. Perante a possibilidade de uma utilização irresponsável das capacidades humanas, são funções inadiáveis de cada Estado planificar, coordenar, vigiar e sancionar dentro do respectivo território. Como pode a sociedade organizar e salvaguardar o seu futuro em um contexto de constantes inovações tecnológicas? Um fator que atua como moderador efetivo é o direito, que estabelece as regras para as condutas permitidas à luz do bem comum. Os limites que uma sociedade sã, madura e soberana deve impor têm a ver com previsão e precaução, regulamentações adequadas, vigilância sobre a aplicação das normas, contraste da corrupção, ações de controle operacional sobre o aparecimento de efeitos não desejados dos processos de produção, e oportuna intervenção perante riscos incertos ou potenciais. Existe uma crescente jurisprudência que visa

reduzir os efeitos poluentes dos empreendimentos. Mas a estrutura política e institucional não existe apenas para evitar malversações, mas para incentivar as boas práticas, estimular a criatividade que busca novos caminhos, facilitar as iniciativas pessoais e coletivas.

178. O drama de uma política focalizada nos resultados imediatos, apoiada também por populações consumistas, torna necessário produzir crescimento a curto prazo. Respondendo a interesses eleitorais, os governos não se aventuram facilmente a irritar a população com medidas que possam afetar o nível de consumo ou pôr em risco investimentos estrangeiros. A construção míope do poder trava a inserção de uma agenda ambiental com visão ampla na agenda pública dos governos. Esquece-se, assim, que "O tempo é superior ao espaço"[130] e que sempre somos mais fecundos, quando temos maior preocupação por gerar processos do que por dominar espaços de poder. A grandeza política mostra-se quando, em momentos difíceis, se trabalha com base em grandes princípios e pensando no bem comum a longo prazo. O poder político tem muita dificuldade em assumir este dever em um projeto de nação.

---

[130] Francisco, Exort. ap. *Evangelii Gaudium* (24 de novembro de 2013), 222: *AAS* 105 (2013), 1111.

179. Em alguns lugares, estão se desenvolvendo cooperativas para a exploração de energias renováveis, que consentem o autoabastecimento local e até mesmo a venda da produção em excesso. Este exemplo simples indica que, enquanto a ordem mundial existente se revela impotente para assumir responsabilidades, a instância local pode fazer a diferença. Com efeito, aqui é possível gerar uma maior responsabilidade, um forte sentido de comunidade, uma especial capacidade de solicitude e uma criatividade mais generosa, um amor apaixonado pela própria terra, tal como se pensa naquilo que se deixa aos filhos e netos. Estes valores têm um enraizamento muito profundo nas populações aborígenes. Dado que o direito por vezes se mostra insuficiente devido à corrupção, requer-se uma decisão política sob pressão da população. A sociedade, através de organismos não governamentais e associações intermédias, deve forçar os governos a desenvolver normativas, procedimentos e controles mais rigorosos. Se os cidadãos não controlam o poder político – nacional, regional e municipal –, também não é possível combater os danos ambientais. Além disso, as legislações municipais podem ser mais eficazes, se houver acordos entre populações vizinhas, para sustentarem as mesmas políticas ambientais.

180. Não se pode pensar em receitas uniformes, porque há problemas e limites específicos de cada país ou região. Também é verdade que o realismo político

pode exigir medidas e tecnologias de transição, desde que estejam acompanhadas pelo projeto e a aceitação de compromissos graduais vinculativos. Ao mesmo tempo, porém, a nível nacional e local, há sempre muito que fazer, como, por exemplo, promover formas de poupança energética. Isto implica favorecer modalidades de produção industrial com a máxima eficiência energética e menor utilização de matérias-primas, retirando do mercado os produtos pouco eficazes do ponto de vista energético ou mais poluentes. Podemos mencionar também uma boa gestão dos transportes ou técnicas de construção e reestruturação de edifícios que reduzam o seu consumo energético e o seu nível de poluição. Além disso, a ação política local pode orientar-se para a alteração do consumo, o desenvolvimento de uma economia de resíduos e reciclagem, a proteção de determinadas espécies e a programação de uma agricultura diversificada com a rotação de culturas. É possível favorecer a melhoria agrícola de regiões pobres, através de investimentos em infraestruturas rurais, na organização do mercado local ou nacional, em sistemas de irrigação, no desenvolvimento de técnicas agrícolas sustentáveis. Podem-se facilitar formas de cooperação ou de organização comunitária que defendam os interesses dos pequenos produtores e salvaguardem da predação os ecossistemas locais. É tanto o que se pode fazer!

181. Indispensável é a continuidade, porque não se podem modificar as políticas relativas às alterações climáticas e à proteção ambiental todas as vezes que muda um governo. Os resultados requerem muito tempo e comportam custos imediatos com efeitos que não poderão ser exibidos no período de vida de um governo. Por isso, sem a pressão da população e das instituições, haverá sempre relutância a intervir, e mais ainda quando houver urgências a resolver. Para um político assumir estas responsabilidades, com os custos que implicam, não corresponde à lógica eficientista e imediatista atual da economia e da política, mas, se ele tiver a coragem de fazê-lo, poderá novamente reconhecer a dignidade que Deus lhe deu como pessoa e deixará, depois da sua passagem por esta história, um testemunho de generosa responsabilidade. Importa dar um lugar preponderante a uma política salutar, capaz de reformar as instituições, coordená-las e dotá-las de bons procedimentos, que permitam superar pressões e inércias viciosas. Todavia é preciso acrescentar que os melhores dispositivos acabam por sucumbir, quando faltam as grandes metas, os valores, uma compreensão humanista e rica de significado, capazes de conferir a cada sociedade uma orientação nobre e generosa.

3. Diálogo e transparência nos processos decisórios

182. A previsão do impacto ambiental dos empreendimentos e projetos requer processos políticos transparentes e sujeitos ao diálogo, enquanto a corrupção, que esconde o verdadeiro impacto ambiental de um projeto em troca de favores, frequentemente leva a acordos ambíguos que fogem ao dever de informar e a um debate profundo.

183. Um estudo de impacto ambiental não deveria ser posterior à elaboração de um projeto produtivo ou de qualquer política, plano ou programa. Há de inserir-se desde o princípio e elaborar-se de forma interdisciplinar, transparente e independente de qualquer pressão econômica ou política. Deve aparecer unido à análise das condições de trabalho e dos possíveis efeitos na saúde física e mental das pessoas, na economia local, na segurança. Assim os resultados econômicos poder-se-ão prever de forma mais realista, tendo em conta os cenários possíveis e, eventualmente, antecipando a necessidade de um investimento maior para resolver efeitos indesejáveis que possam ser corrigidos. É sempre necessário alcançar consenso entre os vários atores sociais, que podem trazer diferentes perspectivas, soluções e alternativas. Mas, no debate, devem ter um lugar privilegiado os moradores locais, aqueles mesmos que

se interrogam sobre o que desejam para si e para os seus filhos e podem ter em consideração as finalidades que transcendem o interesse econômico imediato. É preciso abandonar a ideia de "intervenções" sobre o meio ambiente, para dar lugar a políticas pensadas e debatidas por todas as partes interessadas. A participação requer que todos sejam adequadamente informados sobre os vários aspectos e os diferentes riscos e possibilidades, e não se reduza à decisão inicial sobre um projeto, mas implique também ações de controle ou monitoramento constante. É necessário haver sinceridade e verdade nas discussões científicas e políticas, sem se limitar a considerar o que é permitido ou não pela legislação.

184. Quando surgem eventuais riscos para o meio ambiente que afetam o bem comum presente e futuro, esta situação exige "que as decisões sejam baseadas em um confronto entre riscos e benefícios previsíveis para cada opção alternativa possível".[131] Isto vale, sobretudo, quando um projeto pode causar um incremento na exploração dos recursos naturais, nas emissões ou descargas, na produção de resíduos, ou então uma mudança significativa na paisagem, no *habitat* de espécies protegidas ou em um espaço público. Alguns projetos, não apoiados por uma análise bem cuidada, podem afetar profundamente a qualidade de vida de um lugar,

---

[131] Pontifício Conselho "Justiça e Paz", *Compêndio da Doutrina Social da Igreja*, 469.

devido a questões muito diferentes entre si, como, por exemplo, uma poluição acústica não prevista, a redução do horizonte visual, a perda de valores culturais, os efeitos do uso da energia nuclear. A cultura consumista, que dá prioridade ao curto prazo e aos interesses privados, pode favorecer análises demasiado rápidas ou consentir a ocultação de informação.

185. Em qualquer discussão sobre um empreendimento, dever-se-ia pôr uma série de perguntas, para poder discernir se o mesmo levará a um desenvolvimento verdadeiramente integral: Para que fim? Por qual motivo? Onde? Quando? De que maneira? A quem ajuda? Quais são os riscos? A que preço? Quem paga as despesas e como o fará? Neste exame, há questões que devem ter prioridade. Por exemplo, sabemos que a água é um recurso escasso e indispensável, sendo um direito fundamental que condiciona o exercício de outros direitos humanos. Isto está, sem dúvida, acima de toda a análise de impacto ambiental de uma região.

186. Na Declaração do Rio, de 1992, afirma-se que, "quando existem ameaças de danos graves ou irreversíveis, a falta de certezas científicas absolutas não poderá constituir um motivo para adiar a adoção de medidas eficazes"[132] que impeçam a degradação do

---

[132] *Declaração do Rio sobre o Meio Ambiente e o Desenvolvimento* (14 de junho de 1992), princípio 15.

meio ambiente. Este princípio de precaução permite a proteção dos mais fracos, que dispõem de poucos meios para se defender e fornecer provas irrefutáveis. Se a informação objetiva leva a prever um dano grave e irreversível, mesmo que não haja uma comprovação indiscutível, seja o projeto que for deverá suspender-se ou modificar-se. Assim, inverte-se o ônus da prova, já que, nestes casos, é preciso fornecer uma demonstração objetiva e contundente de que a atividade proposta não vai gerar danos graves ao meio ambiente ou às pessoas que nele habitam.

187. Isto não implica opor-se a toda e qualquer inovação tecnológica que permita melhorar a qualidade de vida de uma população. Mas, em todo o caso, deve permanecer de pé que a rentabilidade não pode ser o único critério a ter em conta e, na hora em que aparecessem novos elementos de juízo a partir de ulteriores dados informativos, deveria haver uma nova avaliação com a participação de todas as partes interessadas. O resultado do debate pode ser a decisão de não avançar em um projeto, mas poderia ser também a sua modificação ou a elaboração de propostas alternativas.

188. Há discussões sobre problemas relativos ao meio ambiente, onde é difícil chegar a um consenso. Repito uma vez mais que a Igreja não pretende definir as questões científicas nem substituir-se à política, mas convido a um debate honesto e transparente, para que

as necessidades particulares ou as ideologias não lesem o bem comum.

4. Política e economia em diálogo para a plenitude humana

189. A política não deve submeter-se à economia, e esta não deve submeter-se aos ditames e ao paradigma eficientista da tecnocracia. Pensando no bem comum, hoje precisamos imperiosamente que a política e a economia, em diálogo, se coloquem decididamente ao serviço da vida, especialmente da vida humana. A salvação dos bancos a todo o custo, fazendo pagar o preço à população, sem a firme decisão de rever e reformar o sistema inteiro, reafirma um domínio absoluto da economia que não tem futuro e só poderá gerar novas crises depois de uma longa, custosa e aparente cura. A crise financeira dos anos 2007 e 2008 era a ocasião para o desenvolvimento de uma nova economia mais atenta aos princípios éticos e para uma nova regulamentação da atividade financeira especulativa e da riqueza virtual. Mas não houve uma reação que fizesse repensar os critérios obsoletos que continuam a governar o mundo. A produção não é sempre racional e, muitas vezes, está ligada a variáveis econômicas que atribuem aos produtos um valor que não corresponde ao seu valor real. Isto leva frequentemente a uma superprodução de algumas mercadorias, com um impacto

ambiental desnecessário, que simultaneamente danifica muitas economias regionais.[133] Habitualmente, a bolha financeira é também uma bolha produtiva. Em suma, o que não se enfrenta com energia é o problema da economia real, aquela que torna possível, por exemplo, que se diversifique e melhore a produção, que as empresas funcionem adequadamente, que as pequenas e médias empresas se desenvolvam e criem postos de trabalho.

190. Neste contexto, sempre se deve recordar que "a proteção ambiental não pode ser assegurada somente com base no cálculo financeiro de custos e benefícios. O ambiente é um dos bens que os mecanismos de mercado não estão aptos a defender ou a promover adequadamente".[134] Mais uma vez repito que convém evitar uma concepção mágica do mercado, que tende a pensar que os problemas se resolvem apenas com o crescimento dos lucros das empresas ou dos indivíduos. Será realista esperar que quem está obcecado com a maximização dos lucros se detenha a considerar os efeitos ambientais que deixará às próximas gerações? Dentro do esquema do ganho não há lugar para pensar nos ritmos da natureza, nos seus tempos de degradação

---

[133] Cf. Conferência Episcopal do México – Comissão de Pastoral Social, *Jesucristo, vida y esperanza de los indígenas y campesinos* (14 de janeiro de 2008).

[134] Pontifício Conselho "Justiça e Paz", *Compêndio da Doutrina Social da Igreja*, 470.

e regeneração, e na complexidade dos ecossistemas que podem ser gravemente alterados pela intervenção humana. Além disso, quando se fala de biodiversidade, no máximo pensa-se nela como um reservatório de recursos econômicos que poderia ser explorado, mas não se considera seriamente o valor real das coisas, o seu significado para as pessoas e as culturas, os interesses e as necessidades dos pobres.

191. Quando se colocam estas questões, alguns reagem acusando os outros de pretender parar, irracionalmente, o progresso e o desenvolvimento humano. Mas temos de nos convencer que, reduzir um determinado ritmo de produção e consumo, pode dar lugar à outra modalidade de progresso e desenvolvimento. Os esforços para um uso sustentável dos recursos naturais não são gasto inútil, mas um investimento que poderá proporcionar outros benefícios econômicos a médio prazo. Se não temos vista curta, podemos descobrir que pode ser muito rentável a diversificação de uma produção mais inovadora e com menor impacto ambiental. Trata-se de abrir caminho a oportunidades diferentes, que não implicam frenar a criatividade humana nem o seu sonho de progresso, mas orientar esta energia por novos canais.

192. Por exemplo, um percurso de desenvolvimento produtivo mais criativo e melhor orientado poderia corrigir a disparidade entre o excessivo investimento

tecnológico no consumo e o escasso investimento para resolver os problemas urgentes da humanidade; poderia gerar formas inteligentes e rentáveis de reutilização, recuperação funcional e reciclagem; poderia melhorar a eficiência energética das cidades. A diversificação produtiva oferece à inteligência humana possibilidades muito amplas de criar e inovar, ao mesmo tempo em que protege o meio ambiente e cria mais oportunidades de trabalho. Esta seria uma criatividade capaz de fazer reflorescer a nobreza do ser humano, porque é mais dignificante usar a inteligência, com audácia e responsabilidade, para encontrar formas de desenvolvimento sustentável e equitativo, no quadro de uma concepção mais ampla da qualidade de vida. Ao contrário, é menos dignificante e criativo e mais superficial insistir na criação de formas de espoliação da natureza só para oferecer novas possibilidades de consumo e de ganho imediato.

193. Assim, se em alguns casos o desenvolvimento sustentável implicará novas modalidades para crescer, em outros casos – face ao crescimento ganancioso e irresponsável, que se verificou ao longo de muitas décadas – devemos pensar também em diminuir um pouco a marcha, pôr alguns limites razoáveis e até mesmo retroceder antes que seja tarde. Sabemos que é insustentável o comportamento daqueles que consomem e destroem cada vez mais, enquanto outros ainda não

podem viver de acordo com a sua dignidade humana. Por isso, chegou a hora de aceitar certo decréscimo do consumo em algumas partes do mundo, fornecendo recursos para que se possa crescer de forma saudável em outras partes. Bento XVI dizia que "é preciso que as sociedades tecnologicamente avançadas estejam dispostas a favorecer comportamentos caracterizados pela sobriedade, diminuindo as próprias necessidades de energia e melhorando as condições da sua utilização".[135]

194. Para que apareçam novos modelos de progresso, precisamos "converter o modelo de desenvolvimento global",[136] e isto implica refletir responsavelmente "sobre o sentido da economia e dos seus objetivos, para corrigir as suas disfunções e deturpações".[137] Não é suficiente conciliar, a meio-termo, o cuidado da natureza com o ganho financeiro, ou a preservação do meio ambiente com o progresso. Neste campo, os meios-termos são apenas um pequeno adiamento do colapso. Trata-se simplesmente de redefinir o progresso. Um desenvolvimento tecnológico e econômico, que não deixa um mundo melhor e uma qualidade de vida integralmente superior, não se pode considerar progresso. Além disso, muitas vezes a qualidade real de vida das

---

[135] *Mensagem para o Dia Mundial da Paz de 2010*, 9: *AAS* 102 (2010), 46.

[136] Ibidem.

[137] Ibid., 5: o.c, 43.

pessoas diminui pela deterioração do ambiente, a baixa qualidade dos produtos alimentares ou o esgotamento de alguns recursos no contexto de um crescimento da economia. Então, muitas vezes, o discurso do crescimento sustentável torna-se um diversivo e um meio de justificação que absorve valores do discurso ecologista, dentro da lógica da finança e da tecnocracia, e a responsabilidade social e ambiental das empresas se reduz, na maior parte dos casos, a uma série de ações de publicidade e imagem.

195. O princípio da maximização do lucro, que tende a isolar-se de todas as outras considerações, é uma distorção conceitual da economia: desde que aumente a produção, pouco interessa que isso se consiga à custa dos recursos futuros ou da saúde do meio ambiente; se a derrubada de uma floresta aumenta a produção, ninguém insere no respectivo cálculo a perda que implica desertificar um território, destruir a biodiversidade ou aumentar a poluição. Por outras palavras, as empresas obtêm lucros calculando e pagando uma parte ínfima dos custos. Poder-se-ia considerar ético somente um comportamento em que "os custos econômicos e sociais derivados do uso dos recursos ambientais comuns sejam reconhecidos de maneira transparente e plenamente suportados por quem deles usufrui e não por outras populações nem pelas gerações futuras".[138]

---

[138] Bento XVI, Carta enc. *Caritas in Veritate* (29 de junho de 2009), 50: *AAS* 101 (2009), 686.

196. Qual o é lugar da política? Recordemos o princípio da subsidiariedade, que dá liberdade para o desenvolvimento das capacidades presentes a todos os níveis, mas simultaneamente exige mais responsabilidade pelo bem comum a quem tem mais poder. É verdade que, hoje, alguns setores econômicos exercem mais poder do que os próprios Estados. Mas não se pode justificar uma economia sem política, porque seria incapaz de promover outra lógica para governar os vários aspectos da crise atual. A lógica que não deixa espaço para uma sincera preocupação pelo meio ambiente é a mesma em que não encontra espaço a preocupação por integrar os mais frágeis, porque, "no modelo 'do êxito' e 'individualista' em vigor, parece que não faz sentido investir para que os lentos, fracos ou menos dotados possam também singrar na vida".[139]

197. Precisamos de uma política que pense com visão ampla e leve em frente uma reformulação integral, abrangendo em um diálogo interdisciplinar os vários aspectos da crise. Muitas vezes, a própria política é responsável pelo seu descrédito, devido à corrupção e à falta de boas políticas públicas. Se o Estado não cumpre o seu papel em uma região, alguns grupos econômicos podem-se apresentar como benfeitores e apropriar-se do poder real, sentindo-se autorizados a não observar

---

[139] Francisco, Exort. ap. *Evangelii Gaudium* (24 de novembro de 2013), 209: *AAS* 105 (2013), 1107.

certas normas até se chegar às diferentes formas de criminalidade organizada, tráfico de pessoas, narcotráfico e violência muito difícil de erradicar. Se a política não é capaz de romper uma lógica perversa e perde-se também em discursos inconsistentes, continuaremos sem enfrentar os grandes problemas da humanidade. Uma estratégia de mudança real exige repensar a totalidade dos processos, pois não basta incluir considerações ecológicas superficiais, enquanto não se puser em discussão a lógica subjacente à cultura atual. Uma política sã deveria ser capaz de assumir este desafio.

198. A política e a economia tendem a culpar-se reciprocamente a respeito da pobreza e da degradação ambiental. Mas o que se espera é que reconheçam os seus próprios erros e encontrem formas de interação orientadas para o bem comum. Enquanto uns se preocupam apenas com o ganho econômico e os outros estão obcecados apenas por conservar ou aumentar o poder, o que nos resta são guerras ou acordos espúrios, onde o que menos interessa às duas partes é preservar o meio ambiente e cuidar dos mais fracos. Vale aqui também o princípio de que "a unidade é superior ao conflito".[140]

---

[140] Ibid., 228: o.c., 1113.

5. As religiões no diálogo com as ciências

199. Não se pode sustentar que as ciências empíricas expliquem completamente a vida, a essência íntima de todas as criaturas e o conjunto da realidade. Isto seria ultrapassar indevidamente os seus confins metodológicos limitados. Se se reflete dentro deste quadro restrito, desaparecem a sensibilidade estética, a poesia e ainda a capacidade da razão perceber o sentido e a finalidade das coisas.[141] Quero lembrar que "os textos religiosos clássicos podem oferecer um significado para todas as épocas, possuem uma força motivadora que abre sempre novos horizontes [...]. Será razoável e inteligente relegá-los para a obscuridade, só porque nasceram no contexto de uma crença religiosa?".[142] Realmente, é ingênuo pensar que os princípios éticos possam ser apresentados de modo puramente abstrato,

---

[141] Cf. Francisco, Carta enc. *Lumen Fidei* (29 de junho de 2013), 34 [*AAS* 105 (2013), 577]: "Enquanto unida à verdade do amor, a luz da fé não é alheia ao mundo material, porque o amor vive-se sempre com corpo e alma; a luz da fé é luz encarnada, que dimana da vida luminosa de Jesus. A fé ilumina também a matéria, confia na sua ordem, sabe que nela se abre um caminho cada vez mais amplo de harmonia e compreensão. Deste modo, o olhar da ciência tira benefício da fé: esta convida o cientista a permanecer aberto à realidade, em toda a sua riqueza inesgotável. A fé desperta o sentido crítico, enquanto impede a pesquisa de se deter, satisfeita, nas suas fórmulas e ajuda-a a compreender que a natureza sempre as ultrapassa. Convidando a maravilhar-se diante do mistério da criação, a fé alarga os horizontes da razão para iluminar melhor o mundo que se abre aos estudos da ciência".

[142] Id., Exort. ap. *Evangelii Gaudium* (24 de novembro de 2013), 256: *AAS* 105 (2013), 1123.

desligados de todo o contexto, e o fato de aparecerem com uma linguagem religiosa não lhes tira valor algum no debate público. Os princípios éticos, que a razão é capaz de perceber, sempre podem reaparecer sob distintas roupagens e expressos com linguagens diferentes, incluindo a religiosa.

200. Além disso, qualquer solução técnica que as ciências pretendam oferecer será impotente para resolver os graves problemas do mundo, se a humanidade perde o seu rumo, se esquece das grandes motivações que tornam possível a convivência social, o sacrifício, a bondade. Em todo o caso, será preciso fazer apelo aos crentes, para que sejam coerentes com a sua própria fé e não a contradigam com as suas ações; será necessário insistir para que se abram novamente à graça de Deus e se nutram profundamente das próprias convicções sobre o amor, a justiça e a paz. Se às vezes uma má compreensão dos nossos princípios nos levou a justificar o abuso da natureza, ou o domínio despótico do ser humano sobre a criação, ou as guerras, a injustiça e a violência, nós, crentes, podemos reconhecer que então fomos infiéis ao tesouro de sabedoria que devíamos guardar. Muitas vezes os limites culturais de distintas épocas condicionaram esta consciência do próprio patrimônio ético e espiritual, mas é precisamente o regresso às respectivas fontes que permite às religiões responder melhor às necessidades atuais.

201. A maior parte dos habitantes do planeta declara-se crente, e isto deveria levar as religiões a estabelecerem diálogo entre si, visando ao cuidado da natureza, à defesa dos pobres, à construção de uma rede de respeito e de fraternidade. De igual modo é indispensável um diálogo entre as próprias ciências, porque cada uma costuma fechar-se nos limites da sua própria linguagem, e a especialização tende a converter-se em isolamento e absolutização do próprio saber. Isto impede de enfrentar adequadamente os problemas do meio ambiente. Torna-se necessário também um diálogo aberto e respeitador dos diferentes movimentos ecológicos, entre os quais não faltam as lutas ideológicas. A gravidade da crise ecológica obriga-nos, a todos, a pensar no bem comum e a prosseguir pelo caminho do diálogo que requer paciência, ascese e generosidade, lembrando-nos sempre que "a realidade é superior à ideia".[143]

---

[143] Ibid., 231: o.c., 1114.

Capítulo VI

EDUCAÇÃO E ESPIRITUALIDADE ECOLÓGICAS

202. Muitas coisas devem reajustar o próprio rumo, mas antes de tudo é a humanidade que precisa mudar. Falta a consciência de uma origem comum, de uma recíproca pertença e de um futuro partilhado por todos. Esta consciência basilar permitiria o desenvolvimento de novas convicções, atitudes e estilos de vida. Surge, assim, um grande desafio cultural, espiritual e educativo que implicará longos processos de regeneração.

1. Apontar para outro estilo de vida

203. Dado que o mercado tende a criar um mecanismo consumista compulsivo para vender os seus produtos, as pessoas acabam por ser arrastadas pelo turbilhão das compras e gastos supérfluos. O consumismo obsessivo é o reflexo subjetivo do paradigma tecnoeconômico. Está acontecendo aquilo que já assinalava Romano Guardini: o ser humano "aceita os objetos comuns e as formas habituais da vida como

lhe são impostos pelos planos nacionais e pelos produtos fabricados em série e, em geral, age assim com a impressão de que tudo isto seja razoável e justo".[144] O referido paradigma faz crer a todos que são livres, pois conservam uma suposta liberdade de consumir, quando na realidade apenas possui liberdade a minoria que detém o poder econômico e financeiro. Nesta confusão, a humanidade pós-moderna não encontrou uma nova compreensão de si mesma que a possa orientar, e esta falta de identidade é vivida com angústia. Temos demasiados meios para escassos e raquíticos fins.

204. A situação atual do mundo "gera um sentido de precariedade e insegurança, que, por sua vez, favorece formas de egoísmo coletivo".[145] Quando as pessoas se tornam autorreferenciais e se isolam na própria consciência, aumentam a sua voracidade: quanto mais vazio está o coração da pessoa, tanto mais necessita de objetos para comprar, possuir e consumir. Em tal contexto, parece não ser possível, para uma pessoa, aceitar que a realidade lhe assinale limites; neste horizonte, não existe sequer um verdadeiro bem comum. Se este é o tipo de sujeito que tende a predominar em uma sociedade, as normas serão respeitadas apenas na medida em que não contradigam as necessidades

---

[144] *Das Ende der Neuzeit* (Würzburg 91965), 66-67.

[145] João Paulo II, *Mensagem para o Dia Mundial da Paz de 1990*, 1: *AAS* 82 (1990), 147.

próprias. Por isso, não pensemos só na possibilidade de terríveis fenômenos climáticos ou de grandes desastres naturais, mas também nas catástrofes resultantes de crises sociais, porque a obsessão por um estilo de vida consumista, sobretudo, quando poucos têm possibilidades de o manter, só poderá provocar violência e destruição recíproca.

205. Mas nem tudo está perdido, porque os seres humanos, capazes de tocar o fundo da degradação, podem também se superar, voltar a escolher o bem e regenerar-se, para além de qualquer condicionalismo psicológico e social que lhes seja imposto. São capazes de olhar para si mesmos com honestidade, externar o próprio pesar e encetar caminhos novos rumo à verdadeira liberdade. Não há sistemas que anulem, por completo, a abertura ao bem, à verdade e à beleza, nem a capacidade de reagir que Deus continua a animar no mais fundo dos nossos corações. A cada pessoa deste mundo, peço que não esqueça esta sua dignidade que ninguém tem o direito de lhe tirar.

206. Uma mudança nos estilos de vida poderia chegar a exercer uma pressão salutar sobre quantos detêm o poder político, econômico e social. Verifica-se isto quando os movimentos de consumidores conseguem que se deixe de adquirir determinados produtos e assim se tornam eficazes na mudança do comportamento das empresas, forçando-as a reconsiderar o

impacto ambiental e os modelos de produção. É um fato que, quando os hábitos da sociedade afetam os ganhos das empresas, estas se veem pressionadas a mudar a produção. Isto nos lembra da responsabilidade social dos consumidores. "Comprar é sempre um ato moral, para além de econômico."[146] Por isso, hoje, "o tema da degradação ambiental põe em questão os comportamentos de cada um de nós".[147]

207. A Carta da Terra convidava-nos, a todos, a começar de novo, deixando para trás uma etapa de autodestruição, mas ainda não desenvolvemos uma consciência universal que torne isso possível. Por isso, atrevo-me a propor de novo aquele considerável desafio: "Como nunca antes na história, o destino comum obriga-nos a procurar um novo início [...]. Que o nosso seja um tempo que se recorde pelo despertar de uma nova reverência perante a vida, pela firme resolução de alcançar a sustentabilidade, pela intensificação da luta em prol da justiça e da paz e pela jubilosa celebração da vida".[148]

208. Sempre é possível desenvolver uma nova capacidade de sair de si mesmo rumo ao outro. Sem

---

[146] Bento XVI, Carta enc. *Caritas in Veritate* (29 de junho de 2009), 66: *AAS* 101 (2009), 699.

[147] Id., *Mensagem para o Dia Mundial da Paz de 2010*, 11: *AAS* 102 (2010), 48.

[148] *Carta da Terra*, Haia (29 de junho de 2000).

tal capacidade, não se reconhece às outras criaturas o seu valor, não se sente interesse em cuidar de algo para os outros, não se consegue impor limites para evitar o sofrimento ou a degradação do que nos rodeia. A atitude basilar de se autotranscender, rompendo com a consciência isolada e a autorreferencialidade, é a raiz que possibilita todo o cuidado dos outros e do meio ambiente; e faz brotar a reação moral de ter em conta o impacto que possa provocar cada ação e decisão pessoal fora de si mesmo. Quando somos capazes de superar o individualismo, pode-se realmente desenvolver um estilo de vida alternativo e torna-se possível uma mudança relevante na sociedade.

2. Educar para a aliança entre a humanidade e o ambiente

209. A consciência da gravidade da crise cultural e ecológica precisa traduzir-se em novos hábitos. Muitos estão cientes de que não basta o progresso atual e a mera acumulação de objetos ou prazeres para dar sentido e alegria ao coração humano, mas não se sentem capazes de renunciar àquilo que o mercado lhes oferece. Nos países que deveriam realizar as maiores mudanças nos hábitos de consumo, os jovens têm uma nova sensibilidade ecológica e um espírito generoso, e alguns deles lutam admiravelmente pela defesa do meio ambiente, mas cresceram em um contexto de altíssimo consumo e

bem-estar que torna difícil a maturação doutros hábitos. Por isso, estamos perante um desafio educativo.

210. A educação ambiental tem ampliado os seus objetivos. Se, no começo, estava muito centrada na informação científica e na conscientização e prevenção dos riscos ambientais, agora tende a incluir uma crítica dos "mitos" da modernidade baseados na razão instrumental (individualismo, progresso ilimitado, concorrência, consumismo, mercado sem regras) e tende também a recuperar os distintos níveis de equilíbrio ecológico: o interior consigo mesmo, o solidário com os outros, o natural com todos os seres vivos, o espiritual com Deus. A educação ambiental deveria predispor-nos a dar este salto para o Mistério, do qual uma ética ecológica recebe o seu sentido mais profundo. Além disso, há educadores capazes de reordenar os itinerários pedagógicos de uma ética ecológica, de modo que ajudem efetivamente a crescer na solidariedade, na responsabilidade e no cuidado apoiado na compaixão.

211. Às vezes, porém, esta educação, chamada a criar uma "cidadania ecológica", limita-se a informar e não consegue fazer maturar hábitos. A existência de leis e normas não é suficiente, a longo prazo, para limitar os maus comportamentos, mesmo que haja um válido controle. Para a norma jurídica produzir efeitos importantes e duradouros, é preciso que a maior parte dos membros da sociedade a tenha acolhido, com base em

motivações adequadas, e reaja com uma transformação pessoal. A doação de si mesmo em um compromisso ecológico só é possível a partir do cultivo de virtudes sólidas. Se uma pessoa habitualmente se resguarda um pouco mais em vez de ligar o aquecimento, embora as suas economias lhe permitam consumir e gastar mais, isso supõe que adquiriu convicções e modos de sentir favoráveis ao cuidado do ambiente. É muito nobre assumir o dever de cuidar da criação com pequenas ações diárias, e é maravilhoso que a educação seja capaz de motivá-las até dar forma a um estilo de vida. A educação na responsabilidade ambiental pode incentivar vários comportamentos que têm incidência direta e importante no cuidado do meio ambiente, tais como evitar o uso de plástico e papel, reduzir o consumo de água, diferenciar o lixo, cozinhar apenas aquilo que razoavelmente se poderá comer, tratar com desvelo os outros seres vivos, servir-se dos transportes públicos ou partilhar o mesmo veículo com várias pessoas, plantar árvores, apagar as luzes desnecessárias... Tudo isto faz parte de uma criatividade generosa e dignificante, que põe a descoberto o melhor do ser humano. Voltar – com base em motivações profundas – a utilizar algo em vez de desperdiçá-lo rapidamente pode ser um ato de amor que exprime a nossa dignidade.

212. E não se pense que estes esforços são incapazes de mudar o mundo. Estas ações espalham,

na sociedade, um bem que frutifica sempre para além do que é possível constatar; provocam, no seio desta terra, um bem que sempre tende a difundir-se, por vezes invisivelmente. Além disso, o exercício destes comportamentos restitui-nos o sentimento da nossa dignidade, leva-nos a uma maior profundidade existencial, permite-nos experimentar que vale a pena a nossa passagem por este mundo.

213. Vários são os âmbitos educativos: a escola, a família, os meios de comunicação, a catequese, e outros. Uma boa educação escolar em tenra idade coloca sementes que podem produzir efeitos durante toda a vida. Mas quero salientar a importância central da família, porque "é o lugar onde a vida, dom de Deus, pode ser convenientemente acolhida e protegida contra os múltiplos ataques a que está exposta, e pode desenvolver-se segundo as exigências de um crescimento humano autêntico. Contra a denominada cultura da morte, a família constitui a sede da cultura da vida".[149] Na família, cultivam-se os primeiros hábitos de amor e cuidado da vida, como, por exemplo, o uso correto das coisas, a ordem e a limpeza, o respeito pelo ecossistema local e a proteção de todas as criaturas. A família é o lugar da formação integral, onde se desenvolvem os distintos aspectos, intimamente relacionados entre si,

---

[149] João Paulo II, Carta enc. *Centesimus Annus* (1 de maio de 1991), 39: *AAS* 83 (1991), 842.

do amadurecimento pessoal. Na família, aprende-se a pedir licença sem servilismo, a dizer "obrigado" como expressão de uma sentida avaliação das coisas que recebemos, a dominar a agressividade ou a ganância, e a pedir desculpa, quando fazemos algo de mal. Estes pequenos gestos de sincera cortesia ajudam a construir uma cultura da vida compartilhada e do respeito pelo que nos rodeia.

214. Compete à política e às várias associações um esforço de formação das consciências da população. Naturalmente compete também à Igreja. Todas as comunidades cristãs têm um papel importante a desempenhar nesta educação. Espero também que, nos nossos Seminários e Casas Religiosas de Formação, se eduque para uma austeridade responsável, a grata contemplação do mundo, o cuidado da fragilidade dos pobres e do meio ambiente. Tendo em conta o muito que está em jogo, do mesmo modo que são necessárias instituições dotadas de poder, para punir os danos ambientais, também nós precisamos nos controlar e educar uns aos outros.

215. Neste contexto, "não se deve descurar nunca a relação que existe entre uma educação estética apropriada e a preservação de um ambiente sadio".[150] Prestar atenção à beleza e amá-la ajuda-nos a sair do

---

[150] Id., *Mensagem para o Dia Mundial da Paz de 1990*, 14: *AAS* 82 (1990), 155.

pragmatismo utilitarista. Quando não se aprende a parar, a fim de admirar e apreciar o que é belo, não surpreende que tudo se transforme em objeto de uso e abuso sem escrúpulos. Ao mesmo tempo, se se quer conseguir mudanças profundas, é preciso ter presente que os modelos de pensamento influem realmente nos comportamentos. A educação será ineficaz e os seus esforços estéreis, se não se preocupar também em difundir um novo modelo relativo ao ser humano, à vida, à sociedade e à relação com a natureza. Caso contrário, continuará a perdurar o modelo consumista, transmitido pelos meios de comunicação social e através dos mecanismos eficazes do mercado.

3. A conversão ecológica

216. A grande riqueza da espiritualidade cristã, proveniente de vinte séculos de experiências pessoais e comunitárias, constitui uma magnífica contribuição para o esforço de renovar a humanidade. Desejo propor aos cristãos algumas linhas de espiritualidade ecológica que nascem das convicções da nossa fé, pois aquilo que o Evangelho nos ensina tem consequências no nosso modo de pensar, sentir e viver. Não se trata tanto de propor ideias, como, sobretudo, de falar das motivações que derivam da espiritualidade para alimentar uma paixão pelo cuidado do mundo. Com efeito, não é possível empenhar-se em coisas grandes apenas com

doutrinas, sem uma mística que nos anima, sem "uma moção interior que impele, motiva, encoraja e dá sentido à ação pessoal e comunitária".[151] Temos de reconhecer que nós, cristãos, nem sempre recolhemos e fizemos frutificar as riquezas dadas por Deus à Igreja, nas quais a espiritualidade não está desligada do próprio corpo nem da natureza ou das realidades deste mundo, mas vive com elas e nelas, em comunhão com tudo o que nos rodeia.

217. Se "os desertos exteriores se multiplicam no mundo, porque os desertos interiores se tornaram tão amplos",[152] a crise ecológica é um apelo a uma profunda conversão interior. Entretanto, temos de reconhecer também que alguns cristãos, até comprometidos e piedosos, com o pretexto do realismo pragmático, frequentemente se burlam das preocupações pelo meio ambiente. Outros são passivos, não se decidem a mudar os seus hábitos e tornam-se incoerentes. Falta-lhes, pois, uma conversão ecológica, que comporta deixar emergir, nas relações com o mundo que os rodeia, todas as consequências do encontro com Jesus. Viver a vocação de guardiões da obra de Deus não é algo de opcional

---

[151] Francisco, Exort. ap. *Evangelii Gaudium* (24 de novembro de 2013), 261: *AAS* 105 (2013), 1124.

[152] Bento XVI, *Homilia no solene início do Ministério Petrino* (24 de abril de 2005): *AAS* 97 (2005), 710; *L'Osservatore Romano* (ed. portuguesa de 30/4/2005), 5.

nem um aspecto secundário da experiência cristã, mas parte essencial de uma existência virtuosa.

218. Recordemos o modelo de São Francisco de Assis, para propor uma sã relação com a criação, como dimensão da conversão integral da pessoa. Isto exige também reconhecer os próprios erros, pecados, vícios ou negligências, e arrepender-se de coração, mudar a partir de dentro. A Igreja, na Austrália, soube expressar a conversão em termos de reconciliação com a criação: "Para realizar esta reconciliação, devemos examinar as nossas vidas e reconhecer de que modo ofendemos a criação de Deus com as nossas ações e com a nossa incapacidade de agir. Devemos fazer a experiência de uma conversão, de uma mudança do coração".[153]

219. Todavia, para se resolver uma situação tão complexa como esta que o mundo atual enfrenta, não basta que cada um seja melhor. Os indivíduos isolados podem perder a capacidade e a liberdade de vencer a lógica da razão instrumental e acabam por sucumbir a um consumismo sem ética nem sentido social e ambiental. Aos problemas sociais responde-se não com a mera soma de bens individuais, mas com redes comunitárias: "As exigências desta obra serão tão grandes, que as possibilidades das iniciativas individuais e a

---

[153] Conferência dos Bispos Católicos da Austrália, *A New Earth – The Environmental Challenge* (2002).

cooperação dos particulares, formados de maneira individualista, não serão capazes de lhes dar resposta. Será necessária uma união de forças e uma unidade de contribuições".[154] A conversão ecológica, que se requer para criar um dinamismo de mudança duradoura, é também uma conversão comunitária.

220. Esta conversão comporta várias atitudes que se conjugam para ativar um cuidado generoso e cheio de ternura. Em primeiro lugar, implica gratidão e gratuidade, ou seja, um reconhecimento do mundo como dom recebido do amor do Pai, que consequentemente provoca disposições gratuitas de renúncia e gestos generosos, mesmo que ninguém os veja nem agradeça. "Que a tua mão esquerda não saiba o que faz a tua direita [...]; e teu Pai, que vê o oculto, há de premiar-te" (Mt 6,3-4). Implica ainda a consciência amorosa de não estar separado das outras criaturas, mas de formar com os outros seres do universo uma estupenda comunhão universal. O crente contempla o mundo, não como alguém que está fora dele, mas dentro, reconhecendo os laços com que o Pai nos uniu a todos os seres. Além disso, a conversão ecológica, fazendo crescer as peculiares capacidades que Deus deu a cada crente, leva-o a desenvolver a sua criatividade e entusiasmo para resolver os dramas do mundo, oferecendo-se a Deus "como sacrifício vivo,

---

[154] Romano Guardini, *Das Ende der Neuzeit* (Würzburg ⁹1965), 72.

santo e agradável" (Rm 12,1). Não vê a sua superioridade como motivo de glória pessoal nem de domínio irresponsável, mas como uma capacidade diferente que, por sua vez, lhe impõe uma grave responsabilidade derivada da sua fé.

221. Ajudam a enriquecer o sentido de tal conversão várias convicções da nossa fé, desenvolvidas no início desta encíclica, como, por exemplo, a consciência de que cada criatura reflete algo de Deus e tem uma mensagem para nos transmitir, ou a certeza de que Cristo assumiu em si mesmo este mundo material e agora, ressuscitado, habita no íntimo de cada ser, envolvendo-o com o seu carinho e penetrando-o com a sua luz; e ainda o reconhecimento de que Deus criou o mundo, inscrevendo nele uma ordem e um dinamismo que o ser humano não tem o direito de ignorar. Porventura uma pessoa, ouvindo no Evangelho Jesus dizer a propósito dos pássaros – que "nenhum deles passa despercebido diante de Deus" (Lc 12,6) –, será capaz de maltratá-los ou causar-lhes dano? Convido todos os cristãos a explicitar esta dimensão da sua conversão, permitindo que a força e a luz da graça recebida se estendam também à relação com as outras criaturas e com o mundo que os rodeia, e suscite aquela sublime fraternidade com a criação inteira que viveu, de maneira tão elucidativa, São Francisco de Assis.

4. Alegria e paz

222. A espiritualidade cristã propõe uma forma alternativa de entender a qualidade de vida, encorajando um estilo de vida profético e contemplativo, capaz de gerar profunda alegria sem estar obcecado pelo consumo. É importante adotar um antigo ensinamento, presente em distintas tradições religiosas e também na Bíblia. Trata-se da convicção de que "quanto menos, tanto mais". Com efeito, a acumulação constante de possibilidades para consumir distrai o coração e impede de dar o devido apreço a cada coisa e a cada momento. Pelo contrário, tornar-se serenamente presente diante de cada realidade, por menor que seja, abre-nos mais possibilidades de compreensão e realização pessoal. A espiritualidade cristã propõe um crescimento na sobriedade e uma capacidade de se alegrar com pouco. É um regresso à simplicidade que nos permite parar e saborear as pequenas coisas, agradecer as possibilidades que a vida oferece, sem nos apegarmos ao que temos nem nos entristecermos por aquilo que não possuímos. Isto exige evitar a dinâmica do domínio e da mera acumulação de prazeres.

223. A sobriedade, vivida livre e conscientemente, é libertadora. Não se trata de menos vida, nem vida de baixa intensidade; é precisamente o contrário. Com efeito, as pessoas que saboreiam mais e vivem melhor

cada momento são aquelas que deixam de petiscar aqui e ali, sempre à procura do que não têm, e experimentam o que significa dar apreço a cada pessoa e a cada coisa, aprendem a se familiarizar com as coisas mais simples e sabem alegrar-se com elas. Deste modo conseguem reduzir o número das necessidades insatisfeitas e diminuem o cansaço e a ansiedade. É possível necessitar de pouco e viver muito, sobretudo, quando se é capaz de dar espaço a outros prazeres, encontrando satisfação nos encontros fraternos, no serviço, na frutificação dos próprios carismas, na música e na arte, no contato com a natureza, na oração. A felicidade exige saber limitar algumas necessidades que nos entorpecem, permanecendo assim disponíveis para as múltiplas possibilidades que a vida oferece.

224. A sobriedade e a humildade não gozaram de positiva consideração no século passado. Mas, quando se debilita de forma generalizada o exercício de alguma virtude na vida pessoal e social, isso acaba por provocar variados desequilíbrios, mesmo ambientais. Por isso, não basta falar apenas da integridade dos ecossistemas; é preciso ter a coragem de falar da integridade da vida humana, da necessidade de incentivar e conjugar todos os grandes valores. O desaparecimento da humildade, em um ser humano excessivamente entusiasmado com a possibilidade de dominar tudo sem limite algum, só pode acabar por prejudicar a sociedade e o meio

ambiente. Não é fácil desenvolver esta humildade sadia e uma sobriedade feliz, se nos tornamos autônomos, se excluímos Deus da nossa vida fazendo o nosso eu ocupar o seu lugar, se pensamos ser a nossa subjetividade que determina o que é bem e o que é mal.

225. Por outro lado, ninguém pode amadurecer em uma sobriedade feliz, se não estiver em paz consigo mesmo. E parte de uma adequada compreensão da espiritualidade consiste em alargar a nossa compreensão da paz, que é muito mais do que a ausência de guerra. A paz interior das pessoas tem muito a ver com o cuidado da ecologia e com o bem comum, porque, autenticamente vivida, reflete-se em um equilibrado estilo de vida aliado com a capacidade de admiração que leva à profundidade da vida. A natureza está cheia de palavras de amor; mas, como poderemos ouvi-las no meio do ruído constante, da distração permanente e ansiosa ou do culto da notoriedade? Muitas pessoas experimentam um desequilíbrio profundo, que as impele a fazer as coisas a toda a velocidade para se sentirem ocupadas, em uma pressa constante que, por sua vez, as leva a atropelar tudo o que têm ao seu redor. Isto tem incidência no modo como se trata o ambiente. Uma ecologia integral exige que se dedique algum tempo para recuperar a harmonia serena com a criação, refletir sobre o nosso estilo de vida e os nossos ideais, contemplar o Criador, que vive entre nós e naquilo que

nos rodeia e cuja presença "não precisa ser criada, mas descoberta, desvendada".[155]

226. Falamos aqui de uma atitude do coração, que vive tudo com serena atenção, que sabe manter-se plenamente presente diante de uma pessoa sem estar pensando no que virá depois, que se entrega a cada momento como um dom divino que se deve viver em plenitude. Jesus ensinou-nos esta atitude, quando nos convidava a olhar os lírios do campo e as aves do céu, ou quando, na presença de um homem inquieto, "fitando nele o olhar, sentiu afeição por ele" (Mc 10,21). Com certeza, Ele estava plenamente presente diante de cada ser humano e de cada criatura, mostrando-nos assim um caminho para superar a ansiedade doentia que nos torna superficiais, agressivos e consumistas desenfreados.

227. Uma expressão desta atitude é parar e agradecer a Deus antes e depois das refeições. Proponho aos crentes que retomem este hábito importante e o vivam profundamente. Este momento da bênção da mesa, embora muito breve, recorda-nos que a nossa vida depende de Deus, fortalece o nosso sentido de gratidão pelos dons da criação, dá graças por aqueles que com o seu trabalho fornecem estes bens, e reforça a solidariedade com os mais necessitados.

---

[155] Francisco, Exort. ap. *Evangelii Gaudium* (24 de novembro de 2013), 71: *AAS* 105 (2013), 1050.

5. Amor civil e político

228. O cuidado da natureza faz parte de um estilo de vida que implica capacidade de viver juntos e em comunhão. Jesus lembrou-nos que temos Deus como nosso Pai comum e que isto nos torna irmãos. O amor fraterno só pode ser gratuito, nunca pode ser uma paga a outrem pelo que realizou, nem um adiantamento pelo que esperamos venha a fazer. Por isso, é possível amar os inimigos. Esta mesma gratuidade leva-nos a amar e aceitar o vento, o sol ou as nuvens, embora não se submetam ao nosso controle. Assim podemos falar de uma *fraternidade universal*.

229. É necessário voltar a sentir que precisamos uns dos outros, que temos uma responsabilidade para com os outros e o mundo, que vale a pena sermos bons e honestos. Vivemos já muito tempo na degradação moral, descartando a ética, a bondade, a fé, a honestidade; chegou o momento de reconhecer que esta alegre superficialidade de pouco nos serviu. Tal destruição de todo o fundamento da vida social acaba por colocar-nos uns contra os outros na defesa dos próprios interesses, provoca o despertar de novas formas de violência e crueldade e impede o desenvolvimento de uma verdadeira cultura do cuidado do meio ambiente.

230. O exemplo de Santa Teresa de Lisieux convida-nos a pôr em prática o pequeno caminho do amor,

a não perder a oportunidade de uma palavra gentil, de um sorriso, de qualquer pequeno gesto que semeie paz e amizade. Uma ecologia integral é feita também de simples gestos cotidianos, pelos quais quebramos a lógica da violência, da exploração, do egoísmo. Pelo contrário, o mundo do consumo exacerbado é, simultaneamente, o mundo que maltrata a vida em todas as suas formas.

231. O amor, cheio de pequenos gestos de cuidado mútuo, é também civil e político, manifestando-se em todas as ações que procuram construir um mundo melhor. O amor à sociedade e o compromisso pelo bem comum são uma forma eminente de caridade, que toca não só as relações entre os indivíduos, mas também "as macrorrelações como relacionamentos sociais, econômicos, políticos".[156] Por isso, a Igreja propôs ao mundo o ideal de uma "civilização do amor".[157] O amor social é a chave para um desenvolvimento autêntico: "Para tornar a sociedade mais humana, mais digna da pessoa, é necessário revalorizar o amor na vida social – nos planos político, econômico, cultural – fazendo dele a norma constante e suprema do agir".[158] Neste contexto,

---

[156] Bento XVI, Carta enc. *Caritas in Veritate* (29 de junho de 2009), 2: *AAS* 101 (2009), 642.

[157] Paulo VI, *Mensagem para o Dia Mundial da Paz de 1977*: *AAS* 68 (1976), 709.

[158] Pontifício Conselho "Justiça e Paz", *Compêndio da Doutrina Social da Igreja*, 582.

juntamente com a importância dos pequenos gestos diários, o amor social impele-nos a pensar em grandes estratégias que detenham eficazmente a degradação ambiental e incentivem uma *cultura do cuidado* que permeie toda a sociedade. Quando alguém reconhece a vocação de Deus para intervir juntamente com os outros nestas dinâmicas sociais, deve lembrar-se que isto faz parte da sua espiritualidade, é exercício da caridade e, deste modo, amadurece e se santifica.

232. Nem todos são chamados a trabalhar de forma direta na política, mas no seio da sociedade floresce uma variedade inumerável de associações que intervêm em prol do bem comum, defendendo o meio ambiente natural e urbano. Por exemplo, preocupam-se com um lugar público (um edifício, uma fonte, um monumento abandonado, uma paisagem, uma praça) para proteger, sanar, melhorar ou embelezar algo que é de todos. Ao seu redor, desenvolvem-se ou recuperam-se vínculos, fazendo surgir um novo tecido social local. Assim, uma comunidade liberta-se da indiferença consumista. Isto significa também cultivar uma identidade comum, uma história que se conserva e transmite. Desta forma cuida-se do mundo e da qualidade de vida dos mais pobres, com um sentido de solidariedade que é, ao mesmo tempo, consciência de habitar em uma casa comum que Deus nos confiou. Estas ações comunitárias, quando

exprimem um amor que se doa, podem transformar-se em experiências espirituais intensas.

6. Os sinais sacramentais e o descanso celebrativo

233. O universo desenvolve-se em Deus, que o preenche completamente. E, portanto, há um mistério a contemplar em uma folha, em uma vereda, no orvalho, no rosto do pobre.[159] O ideal não é só passar da exterioridade à interioridade para descobrir a ação de Deus na alma, mas também chegar a encontrá-Lo em todas as coisas, como ensinava São Boaventura: "A contemplação é tanto mais elevada quanto mais o homem sente em si mesmo o efeito da graça divina ou quanto mais sabe reconhecer Deus nas outras criaturas".[160]

234. São João da Cruz ensinava que tudo o que há de bom nas coisas e experiências do mundo

---

[159] Um mestre espiritual, Ali al-Khawwas, partindo da sua própria experiência, assinalava a necessidade de não separar demasiado as criaturas do mundo e a experiência de Deus na interioridade. Dizia ele: "Não é preciso criticar preconceituosamente aqueles que procuram o êxtase na música ou na poesia. Há um 'segredo' sutil em cada um dos movimentos e dos sons deste mundo. Os iniciados chegam a captar o que diz o vento que sopra, as árvores que se curvam, a água que corre, as moscas que zunem, as portas que rangem, o canto dos pássaros, o dedilhar de cordas, o silvo da flauta, o suspiro dos enfermos, o gemido dos aflitos..." (Eva de Vitray-Meyerovitch, [ed.], *Anthologie du soufisme*, Paris, 1978, 200).

[160] *In II Sententiarum*, 23, 2, 3.

"encontra-se eminentemente em Deus de maneira infinita, ou melhor, Ele é cada uma destas grandezas que se pregam".[161] E isto, não porque as coisas limitadas do mundo sejam realmente divinas, mas porque o místico experimenta a ligação íntima que há entre Deus e todos os seres vivos e, deste modo, "sente que Deus é para ele todas as coisas".[162] Quando admira a grandeza de uma montanha, não pode separar isto de Deus, e percebe que tal admiração interior que ele vive deve finalizar no Senhor: "As montanhas têm cumes, são altas, imponentes, belas, graciosas, floridas e perfumadas. Como estas montanhas, é o meu Amado para mim. Os vales solitários são tranquilos, amenos, frescos, sombreados, ricos de doces águas. Pela variedade das suas árvores e pelo canto suave das aves, oferecem grande divertimento e encanto aos sentidos e, na sua solidão e silêncio, dão refrigério e repouso: como estes vales é o meu Amado para mim".[163]

235. Os sacramentos constituem um modo privilegiado em que a natureza é assumida por Deus e transformada em mediação da vida sobrenatural. Através do culto, somos convidados a abraçar o mundo em um plano diferente. A água, o azeite, o fogo e as

---

[161] *Cântico Espiritual*, XIV, 5.

[162] Ibidem.

[163] Ibid., XIV, 6-7.

cores são assumidos com toda a sua força simbólica e incorporam-se no louvor. A mão que abençoa é instrumento do amor de Deus e reflexo da proximidade de Cristo, que veio para Se fazer nosso companheiro no caminho da vida. A água derramada sobre o corpo da criança batizada é sinal de vida nova. Não fugimos do mundo, nem negamos a natureza, quando queremos encontrar-nos com Deus. Nota-se isto particularmente na espiritualidade do Oriente cristão. "A beleza, que no Oriente é um dos nomes mais queridos para exprimir a harmonia divina e o modelo da humanidade transfigurada, mostra-se em toda a parte: nas formas do templo, nos sons, nas cores, nas luzes, nos perfumes".[164] Segundo a experiência cristã, todas as criaturas do universo material encontram o seu verdadeiro sentido no Verbo encarnado, porque o Filho de Deus incorporou na sua pessoa parte do universo material, onde introduziu um gérmen de transformação definitiva: "O cristianismo não rejeita a matéria; pelo contrário, a corporeidade é valorizada plenamente no ato litúrgico, onde o corpo humano mostra sua íntima natureza de templo do Espírito Santo e chega a unir-se a Jesus Senhor, feito também Ele corpo para a salvação do mundo".[165]

---

[164] João Paulo II, Carta ap. *Orientale Lumen* (2 de maio de 1995), 11: *AAS* 87 (1995), 757.

[165] Ibidem.

236. A criação encontra a sua maior elevação na Eucaristia. A graça, que tende a manifestar-se de modo sensível, atinge uma expressão maravilhosa, quando o próprio Deus, feito homem, chega ao ponto de fazer-Se comer pela sua criatura. No apogeu do mistério da Encarnação, o Senhor quer chegar ao nosso íntimo através de um pedaço de matéria. Não o faz de cima, mas de dentro, para podermos encontrá-Lo em nosso próprio mundo. Na Eucaristia, já está realizada a plenitude, sendo o centro vital do universo, centro transbordante de amor e de vida sem fim. Unido ao Filho encarnado, presente na Eucaristia, todo o cosmos dá graças a Deus. Com efeito, a Eucaristia é, por si mesma, um ato de amor cósmico. "Sim, cósmico! Porque mesmo quando tem lugar no pequeno altar de uma igreja da aldeia, a Eucaristia é sempre celebrada, de certo modo, *sobre o altar do mundo*".[166] A Eucaristia une o céu e a terra, abraça e penetra toda a criação. O mundo, saído das mãos de Deus, volta a Ele em feliz e plena adoração: no Pão Eucarístico, "a criação propende para a divinização, para as santas núpcias, para a unificação com o próprio Criador".[167] Por isso, a Eucaristia é também fonte de luz e motivação para as nossas preocupações

---

[166] Id., Carta enc. *Ecclesia de Eucharistia* (17 de abril de 2003), 8: *AAS* 95 (2003), 438.

[167] Bento XVI, *Homilia na Missa de Corpus Christi* (15 de Junho de 2006): *AAS* 98 (2006), 513; *L'Osservatore Romano* (ed. portuguesa de 24/6/2006), 3.

pelo meio ambiente, e leva-nos a sermos guardiões da criação inteira.

237. A participação na Eucaristia é especialmente importante ao domingo. Este dia, à semelhança do sábado judaico, é-nos oferecido como dia de cura das relações do ser humano com Deus, consigo mesmo, com os outros e com o mundo. O domingo é o dia da Ressurreição, o "primeiro dia" da nova criação, que tem as suas primícias na humanidade ressuscitada do Senhor, garantia da transfiguração final de toda a realidade criada. Além disso, este dia anuncia "o descanso eterno do homem, em Deus".[168] Assim, a espiritualidade cristã integra o valor do repouso e da festa. O ser humano tende a reduzir o descanso contemplativo ao âmbito do estéril e do inútil, esquecendo que deste modo se tira à obra realizada o mais importante: o seu significado. Na nossa atividade, somos chamados a incluir uma dimensão receptiva e gratuita, o que é diferente da simples inatividade. Trata-se de outra maneira de agir, que pertence à nossa essência. Assim, a ação humana é preservada não só do ativismo vazio, mas também da ganância desenfreada e da consciência que se isola buscando apenas o benefício pessoal. A lei do repouso semanal impunha abster-se do trabalho no sétimo dia, "para que descansem o teu boi e o teu jumento e tomem

---

[168] *Catecismo da Igreja Católica*, 2175.

fôlego o filho da tua serva e o estrangeiro residente" (Ex 23,12). O repouso é uma ampliação do olhar, que permite voltar a reconhecer os direitos dos outros. Assim o dia de descanso, cujo centro é a Eucaristia, difunde a sua luz sobre a semana inteira e encoraja-nos a assumir o cuidado da natureza e dos pobres.

7. A Trindade e a relação entre as criaturas

238. O Pai é a fonte última de tudo, fundamento amoroso e comunicativo de tudo o que existe. O Filho, que O reflete e por Quem tudo foi criado, uniu-Se a esta terra, quando foi formado no seio de Maria. O Espírito, vínculo infinito de amor, está intimamente presente no coração do universo, animando e suscitando novos caminhos. O mundo foi criado pelas três Pessoas como um único princípio divino, mas cada uma delas realiza esta obra comum, segundo a própria identidade pessoal. Por isso, "quando, admirados, contemplamos o universo na sua grandeza e beleza, devemos louvar a inteira Trindade".[169]

239. Para os cristãos, acreditar em um Deus único que é comunhão trinitária, leva a pensar que toda a realidade contém em si mesma uma marca propriamente trinitária. São Boaventura chega a dizer que

---

[169] João Paulo II, *Catequese* (2 de Agosto de 2000), 4: *Insegnamenti* 23/2 (2000), 112; *L'Osservatore Romano* (ed. portuguesa de 5/8/2000), 8.

o ser humano, antes do pecado, conseguia descobrir como cada criatura "testemunha que Deus é trino". O reflexo da Trindade podia-se reconhecer na natureza, "quando esse livro não era obscuro para o homem, nem a vista do homem se tinha turvado".[170] Este santo franciscano ensina-nos que *toda a criatura traz em si uma estrutura propriamente trinitária*, tão real que poderia ser contemplada espontaneamente, se o olhar do ser humano não estivesse limitado, obscurecido e fragilizado. Indica-nos, assim, o desafio de tentar ler a realidade em chave trinitária.

240. As Pessoas divinas são relações subsistentes; e o mundo, criado segundo o modelo divino, é uma trama de relações. As criaturas tendem para Deus; e é próprio de cada ser vivo tender, por sua vez, para outra realidade, de modo que, no seio do universo, podemos encontrar uma série inumerável de relações constantes que secretamente se entrelaçam.[171] Isto convida-nos não só a admirar os múltiplos vínculos que existem entre as criaturas, mas leva-nos também a descobrir uma chave da nossa própria realização. Na verdade, a pessoa humana cresce, amadurece e santifica-se tanto mais, quanto mais se relaciona, sai de si mesma para viver em comunhão com Deus, com os outros e com todas

---

[170] *Quaestiones disputatae de Mysterio Trinitatis*, 1,2, concl.

[171] Cf. Tomás de Aquino, *Summa Theologiae I*, q. 11, art. 3; q. 21, art. 1, ad 3; q. 47, art. 3.

as criaturas. Assim assume na própria existência aquele dinamismo trinitário que Deus imprimiu nela desde a sua criação. Tudo está interligado, e isto convida-nos a maturar uma espiritualidade da solidariedade global que brota do mistério da Trindade.

8. A Rainha de toda a criação

241. Maria, a mãe que cuidou de Jesus, agora cuida com carinho e preocupação materna deste mundo ferido. Assim como chorou com o coração trespassado a morte de Jesus, assim também agora Se compadece do sofrimento dos pobres crucificados e das criaturas deste mundo exterminadas pelo poder humano. Ela vive, com Jesus, completamente transfigurada, e todas as criaturas cantam a sua beleza. É a Mulher "vestida de sol, com a lua debaixo dos pés e com uma coroa de doze estrelas na cabeça" (Ap 12,1). Elevada ao céu, é Mãe e Rainha de toda a criação. No seu corpo glorificado, juntamente com Cristo ressuscitado, parte da criação alcançou toda a plenitude da sua beleza. Maria não só conserva no seu coração toda a vida de Jesus, que "guardava" cuidadosamente (cf. Lc 2,51), mas agora compreende também o sentido de todas as coisas. Por isso, podemos pedir-Lhe que nos ajude a contemplar este mundo com um olhar mais sapiente.

242. E ao lado d'Ela, na sagrada família de Nazaré, destaca-se a figura de São José. Com o seu trabalho e presença generosa, cuidou e defendeu Maria e Jesus e livrou-os da violência dos injustos, levando-os para o Egito. No Evangelho, aparece descrito como um homem justo, trabalhador, forte; mas, da sua figura, emana também uma grande ternura, própria não de quem é fraco, mas de quem é verdadeiramente forte, atento à realidade para amar e servir humildemente. Por isso, foi declarado protetor da Igreja universal. Também Ele nos pode ensinar a cuidar, pode motivar-nos a trabalhar com generosidade e ternura para proteger este mundo que Deus nos confiou.

9. Para além do sol

243. No fim, encontrar-nos-emos face a face com a beleza infinita de Deus (cf. 1 Cor 13,12) e poderemos ler, com jubilosa admiração, o mistério do universo, o qual terá parte conosco na plenitude sem fim. Estamos caminhando para o sábado da eternidade, para a nova Jerusalém, para a casa comum do Céu. Diz-nos Jesus: "Eu renovo todas as coisas" (Ap 21,5). A vida eterna será uma maravilha compartilhada, onde cada criatura, esplendorosamente transformada, ocupará o seu lugar e terá algo para oferecer aos pobres definitivamente libertados.

244. Na expectativa da vida eterna, unimo-nos para tomar a nosso cargo esta casa que nos foi confiada, sabendo que aquilo de bom que há nela será assumido na festa do Céu. Juntamente com todas as criaturas, caminhamos nesta terra à procura de Deus, porque, "se o mundo tem um princípio e foi criado, procura quem o criou, procura quem lhe deu início, aquele que é o seu Criador".[172] Caminhemos cantando; que as nossas lutas e a nossa preocupação por este planeta não nos tirem a alegria da esperança.

245. Deus, que nos chama a uma generosa entrega e a oferecer-Lhe tudo, também nos dá as forças e a luz de que necessitamos para prosseguir. No coração deste mundo, permanece presente o Senhor da vida que tanto nos ama. Não nos abandona, não nos deixa sozinhos, porque Se uniu definitivamente à nossa terra e o seu amor sempre nos leva a encontrar novos caminhos. Que Ele seja louvado!

***

246. Depois desta longa reflexão, jubilosa e ao mesmo tempo dramática, proponho duas orações: uma que podemos partilhar todos quantos acreditamos em um Deus Criador Onipotente, e outra pedindo que nós, cristãos, saibamos assumir os compromissos para com a criação que o Evangelho de Jesus nos propõe.

---

[172] Basílio Magno, *Hom. in Hexaemeron*, 1, 2, 6: PG 29,8.

Oração pela nossa terra

Deus Onipotente,
que estais presente em todo o universo
e na mais pequenina das vossas criaturas,
Vós que envolveis com a vossa ternura tudo o
que existe,
derramai em nós a força do vosso amor,
para cuidarmos da vida e da beleza.
Inundai-nos de paz,
para que vivamos como irmãos e irmãs
sem prejudicar ninguém.
Ó Deus dos pobres,
ajudai-nos a resgatar
os abandonados e esquecidos desta terra
que valem tanto aos vossos olhos.
Curai a nossa vida,
para que protejamos o mundo
e não o depredemos,
para que semeemos beleza
e não poluição nem destruição.
Tocai os corações
daqueles que buscam apenas benefícios
à custa dos pobres e da terra.
Ensinai-nos a descobrir o valor de cada coisa,
a contemplar com encanto,
a reconhecer que estamos profundamente unidos
com todas as criaturas

no nosso caminho para a vossa luz infinita.
Obrigado porque estais conosco todos os dias.
Sustentai-nos, por favor, na nossa luta
pela justiça, o amor e a paz.

Oração cristã com a criação

Nós vos louvamos, Pai,
com todas as vossas criaturas,
que saíram da vossa mão poderosa.
São vossas e estão repletas da vossa presença
e da vossa ternura.
Louvado sejais!
Filho de Deus, Jesus,
por Vós foram criadas todas as coisas.
Fostes formado no seio materno de Maria,
fizestes-Vos parte desta terra,
e contemplastes este mundo
com olhos humanos.
Hoje estais vivo em cada criatura
com a vossa glória de ressuscitado.
Louvado sejais!
Espírito Santo, que, com a vossa luz,
guiais este mundo para o amor do Pai
e acompanhais o gemido da criação,
Vós viveis também nos nossos corações
a fim de nos impelir para o bem.

Louvado sejais!
Senhor Deus, Uno e Trino,
comunidade estupenda de amor infinito,
ensinai-nos a contemplar-Vos
na beleza do universo,
onde tudo nos fala de Vós.
Despertai o nosso louvor e a nossa gratidão
por cada ser que criastes.
Dai-nos a graça de nos sentirmos
intimamente unidos
a tudo o que existe.
Deus de amor,
mostrai-nos o nosso lugar neste mundo
como instrumentos do vosso carinho
por todos os seres desta terra,
porque nem um deles sequer
é esquecido por Vós.
Iluminai os donos do poder e do dinheiro
para que não caiam no pecado da indiferença,
amem o bem comum, promovam os fracos,
e cuidem deste mundo que habitamos.
Os pobres e a terra estão bradando:
Senhor, tomai-nos
sob o vosso poder e a vossa luz,
para proteger cada vida,
para preparar um futuro melhor,
para que venha o vosso Reino

de justiça, paz, amor e beleza.
Louvado sejais!
Amém.

Dado em Roma, junto de São Pedro, no dia 24 de Maio – Solenidade de Pentecostes – de 2015, terceiro ano do meu Pontificado.

Franciscus

SUMÁRIO

Laudati si', mi' Signore [1-2] 3
Nada deste mundo nos é indiferente [3-6] 4
Unidos por uma preocupação comum [7-9] 8
São Francisco de Assis [10-12] 10
O meu apelo [13-16] 13

Capítulo I – O que está acontecendo com a nossa casa

1. Poluição e mudanças climáticas 18
   Poluição, resíduos e cultura do descarte [20-22] ... 18
   O clima como bem comum [23-26] 21
2. A questão da água [27-31] 25
3. A perda da biodiversidade [32-42] 28
4. Deterioração da qualidade de vida humana e degradação social [43-47] 35
5. Desigualdade planetária [48-52] 38
6. A fraqueza das reações [53-59] 44
7. Diversidade de opiniões [60-61] 48

Capítulo II – O evangelho da criação

1. A luz que a fé oferece [63-64] 51
2. A sabedoria das narrações bíblicas [65-75] 53
3. O mistério do universo [76-83] 62

4. A mensagem de cada criatura na harmonia
   de toda a criação [84-88] 68
5. Uma comunhão universal [89-92] 73
6. O destino comum dos bens [93-95] 76
7. O olhar de Jesus [96-100] 79

Capítulo III – A raiz humana
da crise ecológica

1. A tecnologia: criatividade e poder [102-105] 83
2. A globalização do paradigma tecnocrático
   [106-114] 87
3. Crise do antropocentrismo moderno e suas
   consequências [115-121] 95
   O relativismo prático [122-123] 99
   A necessidade de defender o trabalho
   [124-129] 101
   A inovação biológica a partir da pesquisa
   [130-136] 106

Capítulo IV – Uma ecologia integral

1. Ecologia ambiental, econômica e social
   [138-142] 113
2. Ecologia cultural [143-146] 118
3. Ecologia da vida cotidiana [147-155] 121
4. O princípio do bem comum [156-158] 127
5. A justiça intergeneracional [159-162] 129

Capítulo V – Algumas linhas de orientação e ação

1. O diálogo sobre o meio ambiente na política internacional [164-175] 133
2. O diálogo para novas políticas nacionais e locais [176-181] 142
3. Diálogo e transparência nos processos decisórios [182-188] 147
4. Política e economia em diálogo para a plenitude humana [189-198] 151
5. As religiões no diálogo com as ciências [199-201] 159

Capítulo VI – Educação e espiritualidade ecológicas

1. Apontar para outro estilo de vida [203-208] 163
2. Educar para a aliança entre a humanidade e o ambiente [209-215] 167
3. A conversão ecológica [216-221] 172
4. Alegria e paz [222-227] 177
5. Amor civil e político [228-232] 181
6. Os sinais sacramentais e o descanso celebrativo [233-237] 184
7. A Trindade e a relação entre as criaturas [238-240] 189
8. A Rainha de toda a criação [241-242] 191
9. Para além do sol [243-246] 192
   Oração pela nossa terra 194
   Oração cristã com a criação 195